أرشيفات المركز الدولي للدراسات والاستشارات والتوثيق – مداد (مصر)

الجزء الأول

السعوديون الشيعة (1)
(أكثر من أربعين ألف كلمة)

إشراف: ممدوح الشيخ

الكتاب: أرشيفات المركز الدولي للدراسات والاستشارات والتوثيق — مداد (مصر) — الجزء 1.

إشراف: ممدوح الشيخ

## هذه السلسلة

هذا الكتاب هو الإصدار الأول من سلسلة "أرشيفات المركز الدولي للدراسات والاستشارت والتوثيق – مداد (مصر)"، وستصدر بمشيئة الله بالتتابع في ملفات مقسمة بحسب موضوعاتها. وهي خدمة نقدمها للباحثين والمؤسسات الأكاديمية والبحثية المهتمة بمختلف القضايا العربية.

ولاحقاً بإذن الله نستكمل الموضوع الأول "السعويون الشيعة"، ثم نوالي بمشيئته سبحانه وتعالى نشر ملفات قضايا أخرى منها: الهوية، الدولة، الجنس والجسد، ما بعد الدولة، .... وعشرات القضايا الأخرى. كما ستتضمن ملفاتنا شخصيات وتشكيلات حضارية وثقافية.

والمادة منتقاة بعناية وموثقة.

ويمكن التواصل مع المركز في شأن طلب ملفات بعينها عبر البريد:

mmshikh@hotmail.com.

كما يسعدنا تلقي ملاحظاتكم.

نسأل الله أن ينفع بها

مدير المركز (المشرف على السلسلة)

ممدوح الشيخ

# الشيعة في دول الخليج: تطلّع نحو الأفضل

## هل سيؤدي التغيير الذي حدث في العراق إلى تحسين أوضاع الطوائف الشيعية في دول الخليج المجاورة ؟

فيصل البعطوط

سويس انفو

.2003 /5/ 19

أحيى سقوط النظام العراقي آمال الطوائف الشيعية في البلدان العربية المجاورة للعراق ، ولاسيما دول الخليج ، بتعزيز حقوق الشيعة ومشاركتهم في الحياة العامة. فالدول الخليجية الست لا تخلو من أقليات شيعية متفاوتة الأهمية ، باستثناء البحرين ، التي يُشكِّل فيها الشيعة أغلبية السكان.

لا أحد يستطيع اليوم تحديد نسبة الطائفة الشيعة في النسيج السكاني الخليجي. لكن لا أحد بوسعه اليوم أن يُنكِر أنهم أصبحوا رقما مُهِمّاً ، وحاسماً أحياناً ، في المعادلات السياسية والاجتماعية الخليجية ، ناهيك عن الثقافية والاقتصادية في منطقة كان تاريخها مشحوناً بالتوجس من الشيعة منذ سنة 1500م ، تاريخ أفول آخر إمبراطورية شيعية حكمت كامل شرق الجزيرة العربية ، فيما كان يسمى "**البحرين الكبرى**".

وتشير تقديرات بعض رموز الشيعة إلى أن أتباع هذه الطائفة يمثلون في البحرين أغلبية ما بين 65 و70 % من السكان ، فيما يمثل الشيعة في المملكة العربية السعودية ما بين

15 و25 % ، وفي الكويت ما بين 10 و15 % ، ثم الإمارات العربية المتحدة بما بين 5 و10% ، ويأتي أقل الشيعة عددًا وأكثرهم غنى في سلطنة عمان ما بين 3 و7 % ، في الوقت الذي لا توجد أرقام محددة لهم في دولة قطر.

وتعني هذه النسب بوضوح أن أتباع الطائفة الشيعية يعدون أقلية متفاوتة الأهمية في كل دول الخليج ، ما عدا البحرين التي يشكلون فيها أغلبية سكانية ، لكنهم لم يلمسوا التساوي في الحقوق والواجبات مع الأقلية السنية إلا منذ استلم الملك حمد بن عيسى آل خليفة الحكم بعد وفاة والده عام **1999** ، وإثر سنوات دامية كانت المواجهات فيها على أشُدها بين النظام والشارع الهائج بمطالب الشيعة على رأس مطالب الإصلاح الأخرى.

أما خارج البحرين ، فقد كان شيعة الخليج يكتفون بمطالب خجولة تتماشى وحجمهم القليل في السعودية ، وفي الكويت على وجه الخصوص ، إلى أن وضعت الحرب على العراق أوزارها ليظهر شيعة السعودية على سطح الأحداث كعنصر من عناصر التغيير المطلوبة في زمن ما بعد الحرب.

## الفصل الطائفي

لكن محمد محفوظ ، الكاتب السعودي في **صحيفة الرياض** ، والمقرب إلى الرمز الشيعي السعودي الشيخ حسن الصفار ، يرى أن **"الشيعة كانوا دائمًا موجودين على الساحة السعودية، لكن الإعلام هو الذي التفت إليهم واهتم بهم على خلفية ما يجري في العراق، فظهروا وكأنهم خارجون من نفق التاريخ"**.

وسواء كانوا داخل النفق أو خارجه ، فإن الثابت هو أن الأنظمة الحاكمة والسلطات الرسمية في الخليج بوجه عام ، كانت تتوخى الحيطة والحذر في التعاطي مع الملف الشيعي قبل أن يصبح الخوض فيه مباحاً منذ وقت يسير ، لاسيما بعد استعراض القوة الشيعي العراقي بمناسبة ذكرى وفاة الإمام الحسين.

وفيما يرى محمد محفوظ أنه من الأفضل التوجه بالسؤال عن سبب هذا التوجس التاريخي من الشيعة إلى المتوجسين أنفسهم ، يقول الدكتور منصور الجمري ، رئيس تحرير صحيفة "الوسط" البحرينية ، ونجل أحد كبار رموز الشيعة البحرينيين ، **"إن تاريخ المنطقة كان قائماً على الصراع بين قبائل وأخرى، وبين طوائف وأخرى".** ويذهب الدكتور الجمري إلى القول **"إن النظام العربي هو نظام سني بالأساس منذ أيام الإمبراطورية العثمانية".**

وبالفعل ، فالباحث في تاريخ المنطقة يجد أن النظام الحديث في شبه الجزيرة العربية ، الذي قام على أنقاض الاستعمار البريطاني قد ورث عنهم أيضا استبعاده للشيعة الذين كان البريطانيون عاقبوهم في أوائل القرن الماضي بحرمانهم من المشاركة في الحكم ، بعد ما عرف بثورة العشرين في العراق والمناطق المجاورة. ومنذ ذلك الوقت ، تنامى التمييز ضدهم إلى درجة استبعادهم من الخدمة العسكرية ومن المناصب السياسية المهمة ، فضلا عن التقييد على ممارسة طقوسهم الخاصة والتوجس الدائم منهم.

**الزلزال العراقي**

لكن الليلة لم تعد تشبه البارحة. ففي الأثناء ، ومنذ إصلاحات البحرين والتقارب الإيراني الخليجي ، علاوة على الحرب على العراق وسقوط نظام صدام حسين وظهور الشيعة كقوة محورية في المعادلة العراقية الجديدة ، جرت تحت النهر مياه كثيرة وظهر الشيعة كطائفة أقلية مقهورة لابد للانظمة التي تريد انتهاج الإصلاح المطلوب أن تبدأ بالتعاطي معها وفق المعطيات الإقليمية والدولية الجديدة.

ومن ذلك ، ظهرت في وسائل الإعلام السعودية حركة الذهاب والإياب بين رموز الشيعة في المملكة وبين أعلى هرم في السلطة ، وبدا ذلك بمثابة الإشارة الواضحة لاستعداد السعودية للإصلاح ابتداء من هذا الملف المغيب.

لكن محمد محفوظ يرى أن الشيعة لا يملكون أجندة خاصة بهم وإنما يتحركون ضمن ملف الإصلاح السعودي الوطني كاملاً. ويضيف بأن "**انفجارات الرياض كشفت الحاجة الماسة إلى الدخول في مشروع إصلاحي وطني، يمارس قطيعة معرفية مع ثقافة الإقصاء والتعصب، التي تتعارض مع مصالح الوطن**".

ومن ثمة ، فإن شيعة السعودية اختاروا أن يتمركزوا في خانة الأغلبية السعودية المطالبة بالإصلاح ، وهم يعلمون أن ذلك سوف يفضي إلى تطوير حياتهم الثقافية والسياسية والاقتصادية بالتبعية العامة.

وفي نفس السياق ، يعتقد الدكتور منصور الجمري أن "**الشيعة لا يشكلون تحدياً سياسياً منفردا، بل على العكس من ذلك. فقد كانوا دائمًا في صدارة الحركات الوطنية الإقليمية**".

### مطالب وطنية لا طائفية

ويستشهد الجمري بما حدث في الكويت أثناء الغزو العراقي ، عندما ظهرت بواكير المقاومة الكويتية من طرف الطائفة الشيعية ، في الوقت الذي كانت الحكومة الكويتية قد بدأت ضدهم قبل الغزو بفترة قصيرة ، حملة مضايقات شبيهة بالتي كانت شهدتها البحرين في وقت سابق. ويستطرد السيد الجمري "**أنه مع ذلك، كان هاجس الوطنية أقوى من التشيع أو الرغبة في الانتقام، مما أحدث هزة في المعتقد الرسمي الكويتي**".

ولا يرى أي من رموز الشيعة في الخليج اليوم أن خيار التعبير عن أنفسهم سياسياً أمر حكيم ، ويؤكد كل من رئيس تحرير "**الوسط**" البحرينية ، والكاتب في صحيفة "**الرياض**" السعودية ، أن العلاقة الدينية والتواصل الثقافي والاجتماعي هما الرابط الأوحد بين شيعة الخليج ، بل يرفض محمد محفوظ أن تكون الإصلاحات السعودية المنظورة "**على قاعدة مذهبية أو طائفية، وإنما يجب أن تكون على قاعدة وطنية عامة**".

ويرى الدكتور الجمري أن المستقبل الشيعي في المنطقة "**مستقبل اندماج وليس انفصال**". لكن مهما تواضعت مطالب الشيعة واندمجت اليوم في إطار المطالب الوطنية العامة ، فلابد من الإقرار بأن شيئاً ما قد تغير بالفعل بعد كل الهزات السياسية والأمنية والثقافية التي عاشتها منطقة الخليج. وليس أقل التغييرات أن "**يأخذ الشيعة ثقلاً سياسيًا جديدًا، بعد أن كانت إيران تحتضنهم عن بعد**" ، كما يقول الدكتور منصور الجمري.([1])

---

([1]) الشيعة في دول الخليج: تطلّع نحو الأفضل – تقرير موقع سويس أنفو – الرابط:

## الشيعة السعوديون يأملون إنهاء التمييز الذي يستهدفهم

### أ.ف.ب.

أعرب الشيخ حسن الصفار أحد كبار الزعماء الشيعة بالسعودية في حديث إلى وكالة الصحافة الفرنسية الأربعاء، عن الأمل بأن ينتهي التمييز الذي يستهدف الشيعة السعوديين بعد التغيرات الكبيرة التي حصلت في العراق المجاور.

وقال الشيخ الصفار في اتصال أجرته معه وكالة فرانس برس في منزله في القطيف في المنطقة الشرقية "نحن مستمرون في اتصالاتنا مع المسؤولين في بلادنا، كما في السابق، لمعالجة بعض ما يشكو منه المواطنون الشيعة في المملكة من حالة من التمييز المنصبي والطائفي بينهم وبين بقية المواطنين".

http://www.swissinfo.ch/ara/%D8%A7%D9%84%D8%B4%
D9%8A%D8%B9%D8%A9-%D9%81%D9%8A-
%D8%AF%D9%88%D9%84-
%D8%A7%D9%84%D8%AE%D9%84%D9%8A%D8%AC--
%D8%AA%D8%B7%D9%84-%D8%B9-
%D9%86%D8%AD%D9%88-
%D8%A7%D9%84%D8%A3%D9%81%D8%B6%D9%84/3317974

وأضاف ..... أن هذا التمييز: "يتمثل في عدم السماح لهم بخدمة وطنهم في المجالين العسكري والأمني، وكذلك في السلك الدبلوماسي، ومن خلال محدودية وجودهم في مجلس الشورى، وفي عدم إتاحة الفرصة لهم للتعبير عن آرائهم في وسائل الإعلام في المملكة، وفي التضييق عليهم في ممارسة شعائرهم الدينية، وفي حظر نشاطهم الديني والثقافي رسميًا، حيث تمنع طباعة كتب الشيعة في المملكة ودخولها الى المملكة".

وكان الشيخ الصفار من بين 13 شخصية سعودية شيعية من المنطقة الشرقية أصدرت بيانًا في الثامن عشر من الشهر الجاري رحب بسقوط "الديكتاتور العراقي".

وتابع الصفار قائلاً: "كل المواطنين في المملكة وفي البلاد العربية يشعرون بالحاجة إلى الإصلاحات السياسية"، معتبرًا أن المسألة: "لا ترتبط بالشيعة فقط إنما باعتبار أن للشيعة بعض المعاناة التي تختلف عن سائر المواطنين، وهم يرجون أن تكون الإرادة السياسية متوفرة حالياً لإصلاح شامل يأخذ الأمور التي يعاني منها المواطنون الشيعة بعين الاعتبار".

وقال الشيخ الصفار أيضًا: "المواطنون السعوديون الشيعة يصرون على أنهم جزء لا يتجزأ من هذا الوطن ويدافعون عن وحدة الوطن... وحين يطالبون ببعض حقوقهم الدينية

**والوطنية إنما يفعلون من أجل تعزيز الوحدة الوطنية، وأن تكون الدولة لكل المواطنين دون تمييز مناطقي أو طائفي"**.

وقال الشيخ الصفار إنه يمكن التعبير عما يشعر به الشيعة بأنه "**حالة من التهميش**".

ويمثل الشيعة في السعودية نحو عشرين بالمئة من مجمل السكان البالغين نحو 17 مليوناً وهم يتجمعون بشكل خاص في المنطقة الشرقية وهي منطقة غنية بالنفط.([2])

---

([2]) الشيعة السعوديون يأملون إنهاء التمييز الذي يستهدفهم – تقرير – موقع إيلاف الإخباري – 23 أبريل 2004 – الرابط:

http://www.elaph.com/ElaphWeb/Archive/1051119615590320200.htm?sectionarchive=Politics#sthash.9aBcLy87.dpuf

## شيعة الخليج... الوطن أولاً

حسن عبد الهادي بوخمسين

أفرزت الحرب على العراق الكثير من المعطيات والوقائع الجديدة، بعضها داخلي تظل تأثيراته وانعكاساته في الداخل العراقي، أما بعضها الآخر فقد تصل بآثارها ونتائجها الى ما بعد الحدود الجغرافية للبلد.

ومن أبرز هذه الإفرازات المستجدة ما قد يحصل من تغير وانقلاب في موازين القوى السياسية ومعادلة الحكم والسلطة التي باتت واضحة أنها تميل إلى صالح الفئة الأكبر حجمًا وعددًا في النسيج الاجتماعي في العراق، وأعني بذلك الطائفة الشيعية وامكان هيمنتها السياسية على الجزء الأكبر من ميدانها ومساحتها في الفترة المقبلة ما أدى الى إثارة الكثير من الهواجس والمخاوف الكبيرة لدى دول الجوار وتحديدا الخليجية منها، إن كان على الصعيد الرسمي أو الشعبي، وهي في جانب منها لها ما يعللها، لكن في جوانب أخرى تفتقد المبررات الواضحة.

هذا الهاجس هو ما يهيمن الحديث والتعليق عليه هنا لا من منطلق الإثارة الطائفية بل من أجل الوصول الى رؤية ايجابية عملية تسهم في توضيح الواقع ومن ثم إزالة هذه الإثارات ونقضها.

قد يتجلى هذا التخوف الخليجي في تصور استفادة شيعية الخليج من هذه التطورات واستثمارها لصالحهم في المنطقة من قبيل الشروع في حركة احتجاج وعصيان ربما تصل إلى درجة التطرف العسكري لتحقيق مغانم ومكاسب سياسية واقتصادية

أسوة بإخوتهم العراقيين ومن قبلهم ما ناله الشيعة في إيران ولبنان.

## العراق والخليج... اختلاف الوضع

على رغم التلاصق الجغرافي لجنوب العراق الشيعي مع أقرانهم في ساحل الخليج العربي، وأثره الكبير في تداخل وتواصل هذين الوجودين الشيعيين، بل حتى نشوء علاقات القربى والروابط العائلية في الكثير من الأحيان، فضلاً عن التأثير الفكري والثقافي فيما بينهم، مع هذا كله فإن الظروف والاوضاع تختلف اختلافا جذرياً وكاملاً في المنطقتين، إذ أن جميع العوامل والأسباب التي تعطي كامل الحق للغالبية الشيعة في بلاد الرافدين في تغليب ورجحان كفة نصيبهم وحصتهم من الحكم في بلدهم وإدارة شئونها السياسية، وخصوصاً إذا ما أخذنا في الاعتبار ذلك الحرمان الطويل الذي مورس بحقهم خلال القرن الميلادي الماضي، لا يمكن تطبيقها على الواقع الخليجي، فهي تنتفي هنا وتصبح الموازين والحسابات متناقضة تماماً، وهذا ما يعيه أبناء التشيع في السعودية والكويت وقطر والإمارات ويدركونه، ويتجسد هذا الوعي والإدراك في طبيعة تعاملهم وتعاطيهم مع الشأن السياسي والأمني والاجتماعي المحيط بهم.

ومن باب المثال فإن شيعة السعودية يعرفون أنهم يشكلون أقلية لا تتجاوز ربع السكان في أحسن التقادير من المواطنين الأصليين فيها، ويعرفون أيضاً أن مواقع وجودهم وكثافتهم محصورة في الجزء الشرقي من البلاد عدا القليل منهم في الغرب والجنوب، ما ترتب على هذا الفهم والمعرفة استعدادهم النفسي وقناعتهم بالجزء المتيسر والمستحق لهم بمقدار نسبتهم

سواء في المشاركة السياسية أو في نيل الحقوق المدنية والمادية ، فيما لو تحقق هذا المستوى البسيط وتم انجازه على أرض الواقع .

## الوطن الأكبر... خيار الشيعة

طبعاً لا يخفى ما يثار منذ فترة عن مشروعات أميركية وخطط لديها – أصبحت مصدر قلق وعامل تهديد جدي في أيامنا هذه أكثر من أي وقت مضى – لتقسيم وتمزيق بلاد الحرمين إلى مناطق ودويلات عدة من ضمنها إنشاء دولة مستقلة في شرقها واستغلال الكثافة الغالبية الشيعية فيها واستغلال شعورها بالتمييز الطائفي الممارس ضدها من أجل إثارة هذه المشاعر وإذكاء روح الرغبة في الاستقلال والانفصال عن الكيان السعودي العام ، وبالتالي تحقيق الهدف المنشود في التفتيت والتمزيق لتسهيل حفظ مصالحها الاستراتيجية .

وأنا عبر هذه السطور ومن منطلق كوني من أبناء الطائفة ومن المنتمين الاصليين إلى هذا الوطن ، أعتقد جازمًا عدم وجود ، ممن هو في موقع المسئولية والتصدي على صعيد الساحة الجماهيرية الشيعية في السعودية ، ومن هو صاحب كلمة مسموعة ونافذة من أبناء الطائفة عند أصحب القرار الرسمي السعودي ، من يرغب ، أو حتى يميل إلى هذه التوجه ، وهذه النظرية القادمة من ضغوط الأجنبي وهيمنته ووصايته .

وما يعضد كلامي هذا عدم اطلاعنا ، ولحد كتابة هذه الكلمات ، على أي رأي مكتوب أو تصريح مذاع حتى من اولئك المحسوبين على المعارضة المقيمة في خارج البلاد من أتباع المذهب الشيعي ما ينص أو يُفهم منه التبني أو الموافقة على هذا الطرح الانفصالي .

## المساواة تكريس للوطنية

لكن ما أكدته وجزمت به لا يلغي ذلك الشعور المتعاظم عند معظم المواطنين الشيعة في بعض مناطق الخليج بالنقص والحرمان من أبسط حقوقهم المعيشية والحياتية ، فضلاً من الدينية منها والسياسية ، بل حتى الإحساس بعدم اعتبارهم في المرتبة والدرجة نفسها من المواطنة مع بقية شرائح المجتمع وتياراته المذهبية الاخرى ، وذلك لما يمارس بحقهم من سياسات وقرارات يغلب عليها طابع التهميش والاقصاء أو التصنيف والتمييز في المعاملة وتوفير الفرص لهم لتبوؤ المسئوليات والمناصب الرسمية حتى ما قل وصغر شأنها مثل منصب إدارة مدرسة حكومية أو مرتبة وكيل فيها!

هذا غير ما يعانونه من ضعف وخلل واضحين على المستوى الاقتصادي والمعيشي في مناطقهم.

وإذا كان هناك من تخوف من استغلال البعض لهذه المشاعر في إثارتها وتجييشها لصالح أي توجـُّه بالتمرد والرفض الذي يتخذ اسلوب العنف او حتى انتهاج مبدأ الانفصال والترويج له – لا سمح الله – فلقطع الطريق على هذا كله ، من المهم والمجدي كثيراً وفي هذه الظروف والمعطيات الجديدة التي فرضت علينا جميعاً حكومات وشعوباً أن يتم التعامل بروح من الإيجابية والشفافية مع السعي الحقوقي لأبناء الطائفة الجعفرية الهادف إلى نيل مطالبهم وحقوقهم المشروعة ، وأن يترجم ذلك ، وفي أقرب فترة زمنية ممكنة ، إلى واقع حياتي يعايشه الفرد الشيعي لكي يسترد أولاً ، شعوره بالمواطنة الكاملة ومن أجل تعميق وتكريس روح المحبة والولاء لبلده واخوته الاخرين في المجتمع نفسه ،

ومن ثم اندفاعه الذاتي الصادق في الدفاع عن كل شبر في الوطن أمام أي اعتداء خارجي آثم والسعي المخلص في الحفاظ على وحدته وتماسكه وبالتالي افشال جميع المشروعات المستوردة في التجزئة والتقسيم.([3])

---

([3]) شيعة الخليج... الوطن أولاً – مقال – صحيفة الوسط البحرينية – العدد 242 – 6/ 5/ 2003 – الرابط:

http://www.alwasatnews.com/242/news/read/206694/1.html

#

## شيعة السعودية ينأون بانفسهم عن الحوثيين

## أصدرت ثلاث شخصيات شيعية بيانات أدانت أي "اعتداء" على الأراضي السعودية

**أنيس القديحي**

**بي بي سي – جدة**

ساهمت البيانات الصحفية التي أدلت بها شخصيات سعودية شيعية في تخفيف حدة الشد الطائفي التي برزت بعد التصريحات التي نقلت عن وزير الخارجية اليمني أبو بكر القربي بشأن دعم شيعة الخليج للحوثيين في الصراع القائم في المنطقة الحدودية بين البلدين.

وجاءت التصريحات التي أدلى بها عالم الدين الشيعي في السعودية الشيخ حسن الصفار ، والناشط السياسي الدكتور توفيق السيف ، والكاتب نجيب الخنيزي بعد تقارير إعلامية وحملات على شبكة الانترنت اضفت صبغة طائفية على الصراع وهو ما نفته الحكومة اليمنية وقيادات المتمردين الحوثيين.

ففي رد فعل مباشر ، أصدرت الشخصيات الثلاثة في شرقي السعودية بيانات متزامنة أكدوا فيها على إدانتهم لأي "اعتداء" على الأراضي السعودية وتأييدهم للإجراءات التي تتخذها الحكومة لصده.

فمن جانبه ، قال نجيب الخنيزي ، الكاتب والناشط السعودي "الشيعي" أنه **"كان لا بد من تسجيل موقف إزاء التصريحات التي أدلى بها وزير الخارجية اليمني، فكان لا بد من**

**تبيان الموقف الحقيقي للغالبية العظمى الساحقة لشيعة السعودية**".

وأضاف في تصريح لـ بي بي سي "**إن القضية الوطنية لها الأولوية خصوصاً عندما يتعلق الامر بالثوابت الوطنية مثل الوحدة وضرورة الالتفاف حول القيادة السياسية امام اي مخاطر تهدد ارض الوطن**".

ونفى الخنيزي في تصريحه أن يكون الشيعة في موضع اتهام ، وأن تصريحاته الإعلامية جاءت استجابة لما أدلى الوزير اليمني.

## صناع الكوابيس

وقد أكد إعلاميون سعوديون أن الموقف الرسمي السعودي تجنَّب بشكل واضح إعطاء الصراع بعدًا مذهبيًا.

فمن جانبه قال جمال خاشقجي ، رئيس تحرير **جريدة الوطن السعودية لبي بي سي** إن اختلاق البعد المذهبي هو خطأ كبير ، وأنه لم يجد أي مسؤول سعودي أو رجل إعلام له قيمة يتهم الشيعة بشكل مطلق بالوقوف وراء عمليات الحوثيين ، فقد تركز العتب حسب الخاشقجي على الحكومة الإيرانية.

وأضاف: "**هناك أشخاص أسميهم بصناع الكوابيس يفرحون بالأزمات ليصفوا فيها حسابات قديمة لهم، إن المتطرفين في الجانبين يحملون شعارات متطرفة**".

## التيار الديني والتوتر المذهبي

وفي هذا السياق ، قال الكاتب في **جريدة الشرق الأوسط السعودية** مشاري الذايذي إن الموقف الرسمي السعودي لم يظهر منه أي خطاب طائفي ولا حتى اتهام مباشر لإيران ، وإنما كانت

هناك إشارات غير مباشرة لدور أجنبي ، وهي إشارات يتفق المراقبون على أن المقصود بها هي إيران.

أما الشق غير الرسمي ، فيقول الذايذي ، إن التيار الديني "**يتبنى خطاباً طائفياً رافض للشيعة منطلقاً من موقف عقائدي، يحاول أن يوظف الصراع مع الحوثيين لخدمة وجهة نظره**".

وأشار إلى أن هناك أيضاً موقفًا اعلاميًا في السعودية متردداً بين وصف المواجهة مع الحوثيين بأنها صراع عربي فارسي أو صراع إقليمي للأدوار بين ما تمثله الثورة الإيرانية من جانب والسعودية من جانب آخر.

كما ألمح إلى وجود موقف إعلامي سعودي آخر يتسم بالعقلانية ويضع الصراع مع إيران في الإطار الصحيح.

**مناخ متشنج**

وقال الذايذي إن الحاجة لبروز التصريحات التي وصفها بالجريئة جاءت نتيجة للمناخ المتوتر في منطقة الشرق الأوسط والتي جعلت من أعطت هذه التصريحات أهمية خاصة.

وأضاف "**أن العين مسلطة على المثقفين الشيعة في مثل هذا الصراع نتيجة للوضع الاقليمي الذي أعطى لموقف المثقفين الشيعة أهمية خاصة كما اكتسبت موقف علماء الدين السلفيين أهمية خاصة عند إدانتهم لتنظيم القاعدة خلال السنوات الماضية**".

وتتهم الحكومة اليمنية جهات في إيران بتوفير الدعم للمتمردين الحوثيين وهو ما تنفيه الحكومة الإيرانية.

يشار إلى أن المتمردين الحوثيين هم من اتباع المذهب الزيدي الذي يمثل أقلية كبيرة في اليمن بشكل عام، إلا أنه

**21**

يشكل أغلبية في مناطق شمال اليمن القريبة من الحدود مع السعودية.(⁴)

---

(⁴) شيعة السعودية ينأون بانفسهم عن الحوثيين — موقع بي بي سي العربي —
2009 /11/ 24 — الرابط:

http://www.bbc.co.uk/arabic/middleeast/2009/11/091124_ra

_correspendents_tc2.shtml?print=1

# المسألة الشيعية والصراع العالمي

ابراهيم غرايبة

هل سيكون الشيعة تحديًا عالميًا وإسلاميًا قادمًا ؟

هل سيكونون بديلاً للأصولية الإسلامية في مواجهة العالم وحكومات بلادهم ؟

بالطبع فإن الشيعة لم يظهروا فجأة ، ولكن من الواضح أن ثمة مسألة شيعية تشكل على مستوى العالم والعالم الإسلامي تحدياً كبيرًا متوقعًا ، وقد تشغل العالم لعقود قادمة.

يعتقد فرنسوا تويال مدير الدروس في **المدرسة الحربية العليا للجيوش الفرنسية** ومؤلف كتاب "**الشيعة في العالم**" أن المسألة الشيعية تشكل اليوم في الفضاء الإسلامي بعامة تحديًا كبيرًا وتأخذ مسارًا مختلفًا إلى حد كبير عما استقرت عليه طوال الفترة السابقة.

يشكل الشيعة حوالي 10% من العالم الإسلامي ، وينتشرون في معظم الدول الإسلامية في أقليات (عدا إيران وأذربيجان) وهم في معظم الدول يمثلون سؤالاً ملحًا عن موقعهم في الحياة السياسية والعامة وحقوقهم وتجمعاتهم السياسية والدينية ، وعلاقتهم بإيران التي تمثل قلقاً وتحديًا أساسيًا للولايات المتحدة والغرب ، وقد شملت صحوة الثقافات والإثنيات التي تجتاح العالم الشيعة أيضا لينشأ سؤال ملح عن دورهم ومستقبلهم في بلادهم بعد مرحلة من التهميش والإقصاء ، وقد تعبر هذه الصحوة عن نفسها في عمليات انتقامية كما في العراق أو

في سياسات هيمنة وردة فعل قاسية كما في سورية وإيران ، أو في احتجاجات صاخبة وتحالفات سياسية أو كامنة كما في اليمن والخليج العربي وتركيا ، أو في مواجهات بين السنة والشيعة كما في باكستان وأفغانستان ، أو في انقسامات مجتمعية رأسية كما في لبنان.

ولا يمكن اليوم تقرير أي أمر سواء على صعيد السياسة الداخلية أو على صعيد العلاقات الخارجية من دون أن تؤخذ الوقائع الشيعية بالاعتبار ، فقد أصبحت المسألة الشيعية تثير تساؤلات مهمة حول مستقبل الدولة والمجتمع في العالم الإسلامي ، وحول علاقة الشيعة بالنفط ، خاصة أنهم يتركزون في منطقة الخليج العربي التي تحتوي على 70 % من نفط العالم ، وحول علاقة الشيعة بإيران والصراع بينها وبين الولايات المتحدة والغرب.

وهناك أيضاً صحوة شيعية تستعيد الصراع السني الشيعي على مدى التاريخ ، وهي مسألة ليست متكئة أساسًا على الخلاف الديني فقط ، ولكنها متعلقة بالحقوق السياسية والمظالم وتوزيع الموارد والصراعات القومية والعرقية.

ولذلك سيكون في وسع أي إنسان أن يدرك أن المسألة الشيعية يمكن أن تشكل رافعة لعدم الاستقرار في العالم ، وبما أنها ممتدة في رقعة واسعة من العالم الإسلامي ففي مقدورها أن تحرك صراعا عالميا ، وبخاصة أن مركز الثقل في العالم العربي قد انتقل في السنوات الخمس والعشرين الماضية من محيط البحر المتوسط نحو الخليج ، أي إلى مناطق يشكل الشيعة فيها أغلبية أو نسبة كبيرة مؤثرة ، ولذلك فإن عملية توسع نفوذ الشيعة أو

مقاومته تنطوي على أبعاد تتجاوز العالم الإسلامي لتؤثر على مجمل العلاقات الدولية.

ثمة ظواهر وحالات كثيرة ترجح احتمال انفجار شيعي قادم في المستقبل القريب ، فإيران ما زالت تخوض مواجهة على الحافة مع الغرب ، وقد وصل العراق بعد الصعود الشيعي إلى حالة من الانفجار التي ستبقى آثارها وتداعياتها على العراق والعالم لسنوات وعقود طويلة ، وسورية تبدو متجهة إلى إعادة صياغة تعيد النظر في الاختلال الكبير الذي بدأ منذ السبعينات ، وفي أفغانستان بدأ الشيعة يشكلون رقمًا مهمًا ومختلفًا عن الحالة التاريخية.

وبالنسبة للولايات المتحدة ، فإن حربًا جديدة مع إيران والجماعات الشيعية حول العالم والتي تستند إلى مائة وخمسين مليون نسمة ودول كبيرة وقوية (ومارقة) وعمليات سياسية وأمنية واسعة حول العالم تبدو حقيقية وفعلية ، وممتعة أيضًا أكثر من حرب مع جماعات صغيرة ومحدودة وملتبسة لا تصلح عدوًا ولا تشكل تحديًا فعليًا يستلزم على سبيل المثال إقامة صواريخ عابرة للقارات في بولندا ، فكيف سيصدق العالم أنها صواريخ موجهة لمواجهة أبو جندل؟ ولكن من المنطقي أن تبرر بمواجهة إيران وحماية حقول النفط.([5])

---

([5]) المسألة الشيعية والصراع العالمي – موقع الإسلام اليوم – الرابط:
http://islamtoday.net/nawafeth/services/saveart-13-9826.htm

# المسألة الطائفية:

## بحثاً عن تفسير خارج الصندوق المذهبي

توفيق السيف

### خلاصة الورقة

تستهدف هذه الورقة تقديم معالجة بديلة للمسألة الطائفية، من خلال إعادة تعريف المشكلة وأسبابها. وتنطلق المعالجة من فكرة التفكير خارج الصندوق التي طرحها منظمو "**مؤتمر الوحدة الإسلامية وديعة محمد**"، لكنها تتجاوز الإطار الذي تميل إليه الفكرة. تجادل الورقة بأن التوتر القائم حاليًّا بين الطوائف الإسلامية ولاسيما بين الشيعة والسنة يمثل نسخة أخرى عن التوترات الإثنية والاجتماعية المنتشرة في شرق العالم الإسلامي وغربه. وهي توترات باعثها الرئيس هو التفاوت المعيشي، وعدم التوازن في التنمية وتوزيع الموارد، وقلة الخيارات المتاحة للجمهور العام لتحسين مستواه الحياتي خارج إطار التخطيط المركزي الرسمي.

هذه البواعث تلبس عباءة المذهب هنا وعباءة الدين أو القومية أو الطبقة هناك بسبب فاعلية التراث الخاص بالجماعة في

تعبئة الأنصار وتحديد الإطار الاجتماعي أو الجغرافي للمطالب الحياتية العادية. ومن هنا ، فإن الورقة تجادل بأن الحوارات بين أهل المذاهب هي ضرورة ثقافية وأخلاقية ، لكن جدواها تنحصر في تسهيل الحلول ، أما الحلول نفسها فهي تتوقف على إصلاحات سياسية/ دستورية في النظام السياسي ، كما تتوقف على إقرار توزيع عادل للموارد العامة والتنمية لا سيما في المناطق الأكثر حرمانًا.

تقترح الورقة ثلاثة مسارات لمعالجة التوتر المذهبي/ الطائفي:

● مسار إصلاح سياسي: باتجاه إقرار التعددية وتنشيط دور المؤسسات السياسية والدستورية في حل المشكلات الحياتية.

● ومسار اقتصادي: يستهدف توفير خيارات أكثر وفرص أكبر للأفراد كي يصلحوا حياتهم بأنفسهم.

● ومسار ثقافي: يعالج إشكالية الوطن وضبابية مفهومه في الثقافة العامة.

### تصوير المسألة

منذ العام 1979 تحوَّل التوتر الطائفي بين الشيعة والسنة إلى واحد من الهموم الرئيسة في الشرق الأوسط. وشهدنا منذئذ

جدالات عنيفة هنا وهناك حول أسئلة مذهبية بحتة ، عقدية أو فقهية ، وحول قضايا مجتمعية تتخذ من المذهب أو الطائفة وسيلة لتصوير الحدود المكانية للمشكلة أو لتبرير قيامها. ومنذ منتصف 2003 أصبح العراق بؤرة أساسية للتوتر الطائفي الذي أوصل البلاد إلى شفا حرب أهلية كانت ستقود دون شك إلى تفكيك البلاد ، كما جرى في يوغسلافيا قبل عقد من الزمن.

يمكن تعريف المشكلة من ثلاث زوايا مختلفة:

هذه التعريفات تعالج بروز الاتجاه الطائفي في المجتمع ، ولا تفسر الطائفية الحكومية.

## الأولى:

اعتبارها خلافاً دينيًا بحتاً. سببه الوحيد أو الرئيس هو شعور كل طرف بأن مذهبه هو الحق وأن الآخر مخطئ أو منحرف عن الطريق المستقيم. ويترتب على هذه الفرضية شعور كل طرف بالمسؤولية عن هداية الطرف الثاني إلى هذا الحق ، حتى لو اقتضى الأمر قسره على سلوك الطريق المستقيم. طبيعة الفعل في هذه الحالة دعوي – هجومي. ويتحمل المسؤولية المباشرة في الغالب رجال دين أو حركيون نشطون في المجال الديني.

## الثانية:

اعتبارها خلافًا اجتماعيًّا ناتجًا عن التزاحم بين دائرتي مصالح متمايزتين. ويظهر هذا خصوصاً حين يخترق أحد الطرفين المجال الاجتماعي الخاص بالطرف الثاني ، من خلال التبشير أو الاستقطاب السياسي/ الثقافي. وأبرز مصاديق هذا التعريف هو تحوُّل الأفراد الشيعة إلى سنة أو العكس ، مما يثير القلق باحتمال تعرض البيئة الخاصة (أي دائرة النفوذ أو المصالح) للتآكل ، وفي أقل الاحتمالات إثارة الشك حول كفاءة هذا الطرف أو شرعية نفوذه الاجتماعي. طبيعة الفعل في هذه الحالة دفاعي/ سجالي يستهدف تسوير دائرة النفوذ من خلال المبالغة في إظهار حقانيتها أو إبراز عناصر ضعف الطرف المنافس. وفي العادة فإن قوى اجتماعية عديدة تشارك في تحمل المسؤولية في هذه الحالة ، منها رجال الدين ، والزعماء الحركيون وقادة المجتمع ، فضلاً عن الدولة.

**الثالثة:**

اعتبارها رد فعل على الظلم أو انعدام العدالة الاجتماعية (بحسب تعريف جون راول الذي يركز على توفر الفرص والمساواة). ويظهر هذا خصوصًا في البلدان التي تقودها حكومات أوتوقراطية ، أو تفتقر إلى الضمانات الدستورية لحقوق الأقليات ، أو تطبق حكوماتها نظامًا لا يضمن العدالة في توزيع الموارد والفرص والالتزامات بين مختلف الطبقات أو الأطياف الاجتماعية.

طبيعة الفعل في هذه الحالة سياسي أو سيكولوجي. يتخذ الأول شكل التمرد الجمعي ، الهادئ أو النشط ، على النظام السياسي ، في حين يتخذ الثاني شكل الإنكار الفردي والانسحاب من الشأن العام ، أو ما يسمى أحيانًا بالاغتراب.

الواضح أن جميع التعريفات السابقة صحيحة ، لكن أي واحد منها لا يصلح تعريفًا وحيدًا. كل من التعريفات الثلاثة يصلح لوصف حالة من حالات التنازع الطائفي أو المذهبي. بعبارة أخرى فإن التنازع الطائفي ليس مشكلة واحدة بطبيعتها وأسبابها ، بل هي في الحقيقة ثلاث مشكلات ، تتفق جميعًا على التمظهر في ثياب الجدل المذهبي أو الطائفي. ونجد الأثر الحاسم لمحرك المشكلة أو علتها في الغاية التي يسعى إليها كل فريق. لو أخذنا مثلاً الحرب الأهلية اللبنانية التي اتفق على تصويرها على أنها نزاع طائفي ، فسوف نجد أن انتهاء الحرب لم يتحقق نتيجة حوار بين أهل الأديان والمذاهب التي شاركت فيها ، بل باتفاق على إعادة صياغة النظام السياسي وتوزيع مصادر القوة بين الطوائف المختلفة. ومثل ذلك النزاع الحالي في العراق.

فالذين يتناقشون حول حل الأزمة ليسوا رجال الدين ولا قادة الفكر بل السياسيون ، وهم لا يتطرقون إلى النقاشات الدينية وأدلة كل طرف على حقانية مذهبه ، بل يتحدث كل منهم حول تصوره للحصة العادلة لجمهوره في سياسة البلاد ومواردها. نحن

اليوم أبعد ما نكون عن منتصف العام الماضي 2006، حين وصف الرئيس المصري الوضع في العراق بأنه حرب أهلية. ومن المؤكد أن هذا الاختلاف لم يكن ثمرة توافقات مذهبية بقدر ما نتج عن مساومات سياسية. حين يتوقف حل النزاع على تلبية مطلب محدد دون غيره، فهذا يعني أن ذلك المطلب هو علة النزاع وفاعله الرئيس، وإن اتخذ صورًا أو عباءات أو خطابات مختلفة. مثال العراق ومن قبله لبنان دليل على أن التنازع الطائفي ليس اختلاف مذاهب أو أديان في كل حالاته.

## مسار التحول

### أ- المسار المدرسي للمسألة المذهبية

ثمة ما يشبه الاتفاق على أن المذاهب الفقهية والعقيدية والطوائف الدينية، بأشكالها التي نعرفها اليوم لم تكن موجودة في عصور الإسلام الأولى. وقد شهد التاريخ الطويل للأمة الإسلامية ظهور العديد من المدارس في الفقه والعقيدة والفلسفة، بعضها اندثر، في حين تحول بعضها الآخر وتطوَّر من مدرسة أو منهج إلى جماعة، أو بقي في إطاره المدرسي. وأرجع عدد من المؤرخين ظهور الفرق الدينية في الإسلام إلى القمع السياسي. التيارات التي بدأت موقفاً سياسيًّا تحوَّلت بالتدريج إلى فرق دينية فراراً من بطش الدولة .(E. Kohlberg, 1991) ويمكن أيضاً ملاحظة أن بعض الدول المسلمة، في العصور الماضية والحديثة، قد اهتمت

بتعزيز المذهب وسيلةً لتعزيز شرعيتها السياسية وتسوير المجتمع من تأثير المنافسين. ونجد في الصراع العثماني – الصفوي بعض الأمثلة البارزة على هذا الاتجاه.

يمكن القول بكلام إجمالي: إن التعدد السياسي كان حقيقة قائمة في معظم حقب تاريخ المسلمين. وكان إلى جواره تعدد في الخيارات الفكرية أو العقيدية أو الثقافية، التي كان بعضها انعكاساً لاتصال المسلمين الأوائل بالأقوام الأخرى، وبعضها الآخر انعكاساً لتطور مفهوم المجتمع من الصورة البدوية القديمة إلى الصورة الحضرية أو شبه الحضرية، بما انطوى عليه هذا من تطوُّر في العلم والثقافة والقيم الاجتماعية. ربما لا يذكر التاريخ الكثير من الأمثلة على هذا التعدد في عقود الإسلام الأولى، لكن عصر الراشدين وما بعده شهد ظهور نماذج واضحة عن تيارات ذات قوام محدد سياسي أو ثقافي. وشهدت السنوات الأخيرة من العصر الأموي تحول عدد من التيارات السياسية إلى مذاهب في الفقه أو العقيدة. وتبلور هذا الاتجاه بصورة أوضح في العصر العباسي، رغم أن السمات السياسية بقيت أكثر وضوحًا من الدينية، وبالتالي، فإن تصنيف المذاهب والفرق كان أقرب إلى السياسي منه إلى الديني. واستمر هذا الحال حتى القرن العاشر الميلادي، حيث يظهر أن معظم زعماء الفرق قد حسموا أمرهم باتجاه التخلي عن الربط بين المذهب والموقف السياسي

لمعتنقيه، وعندئذ ظهر النموذج الأكثر اكتمالاً للمذهب الديني الخالص، الذي يضم بالإضافة إلى المدرسة الفقهية، منظومة آراء خاصة في الاعتقاد، وقدرًا من التشكل الاجتماعي متمايزاً من الآخرين. وتجدر الإشارة إلى أن الكثير من المراجع الرئيسة في الفقه والعقيدة لمختلف المذاهب الدينية، ترجع إلى تلك الحقبة وما بعدها، وتحديدًا بين القرن العاشر والرابع عشر الميلادي.

تبلور المذهب وتحولت مدرسته الفقهية أو العقيدية إلى قاعدة لنظام اجتماعي جديد له نظام قيمي وعلائقي، متمايز عما سواه. و قامت في ظله فلسفة حياة خاصة وفولكلور – ثقافة شعبية – ونظام مصالح مستقل على النمط القروي أو على النمط الشمولي.

من المفهوم أن الجماعات المتمايزة، ولا سيما تلك التي تقوم في سياق هروبي (خوفًا من القمع مثلاً) تطور خطابًا داخليًّا يمارس وظيفة حمائية. فهو يعظم من القيمة المعنوية للداخل ويبالغ في تحقير القيمة المعنوية لكل ما هو خارج النظام. كما يتضم منظومة متكاملة من الإشكالات الفرضية والرد عليها، هي أشبه بدليل عملي للسجال مع الغير. ومن البديهي أن يعمل النظام على استثمار عناصر التراث والتجربة التاريخية المشتركة مع الغير أداةً في السجال، وذلك بإعادة تفسيرها على نحو يخدم النظام ويدعم موقفه في الصراع. وبحسب البروفسور نصر، فإن

الجماعات الدينية التي قامت في العالم الإسلامي لم تنكر التراث الذي يجمعها مع البيئة التي انشقت عليها ، بل أعادت تفسيره على نحو يجعله مصدر تسويغ لخطابها. إذا طبقنا هذا التفسير على قيام وتبلور الاتجاهات السياسية/ المذهبية ، أو المذهبية البحتة ، فإن التراث المشترك سيتحول إلى مبرر للفرقة وعامل تفريق بدل أن يكون جامعاً مشتركاً وعنصر توحيد.

بعبارة موجزة فإن سياق تبلور الجماعة السياسية/ المذهبية أو المذهبية البحتة — سواء كانت أقلية أم أكثرية — يقود عادة إلى إنشاء إطار ثقافي/ حياتي جديد متمايز بالضرورة ، بل ومعارض بالضرورة لكل ما هو خارجها. وتتحول المكونات الثقافية لهذا الإطار إلى وسيلة لبناء خلفية ذهنية خاصة تجمع بين أعضاء الجماعة بينما تقيم جدارًا بينهم وبين من هم خارجها. وهذا يشبه إلى حد بعيد مفهوم "البرادايم" الذي اقترحه المفكر الأمريكي توماس كون في نظريته المشهورة حول تطور المعرفة.

في ظل التمايز المشار إليه ، فإن النقاش بين المنتمين للجماعات/ المذاهب المختلفة لا يعود مثمرًا أو مفيدًا ولا يؤدي إلى زيادة العلم أو التقارب ، لأن الذين يدخلون السجال لا يستهدفون اكتشاف الحقيقة أو التعارف أو التفاهم ، بل يستهدفون فقط وفقط إفحام المنافسين أو على أقل التقادير الدفاع عن الذات.

يتجلى هذا الموقف بصورة أكبر حين يبدأ كل طرف في الإعلان عن حدوده باعتبارها أيضًا حدود الحقيقة وحدود الحق الذي يعني بالضرورة تصنيف خارج الجماعة باعتباره موطناً للزيف أو الباطل، كما هو الحال في التوجهات التكفيرية القديمة والمعاصرة التي تتسلح بمفاهيم مشتركة مثل فكرة الدارين (دار الإسلام ودار الحرب) لكنها تدفعها باتجاه تصنيف حاد، يحصر الحق والحقيقة في إطار الجماعة ويتهم من هم خارجها بالمروق أو الكفر (والتولي والتبري). يمكن في هذا الصدد عرض الخطاب السياسي لتنظيم "القاعدة" مثالاً على هذا السياق من التطور، حيث يقول أسامة بن لادن في رسالة إلى المسلمين بعد الهجوم على نيويورك في سبتمبر 2001:

**"هذه الأحداث قد قسمت العالم بأسره إلى فسطاطين: فسطاط إيمان لا نفاق فيه، وفسطاط كفر، أعاذنا الله وإياكم منه". (7 أكتوبر 2001).**

## ب- المسار السياسي للمسألة المذهبية

رغم التمايز الواضح بين الحالات المختلفة للنزاع المذهبي/ الطائفي، إلا أن شيوع استخدام المذهب والطائفة إطاراً للتنازع، يثير بذاته أسئلة حول واقعية الفصل بين الإطار والمضمون. ولهذا فقد يكون مفيداً معالجة هذا السؤال. وسوف أعرض هنا سياق تطوُّر المشكلة منذ أن تولد، ثم تتبلور، حتى تظهر في المجال

العام. الفرضية التي ننطلق منها هنا هي اعتبار التنازع المذهبي أو الطائفي مدفوعًا بمشاعر السخط على انعدام العدالة الاجتماعية ، أي ضمن التعريف الثالث المذكور أعلاه:

كل مجتمع تنعدم فيه العدالة الاجتماعية ، يمثل أرضية للنزاع الداخلي والانشقاق. لكن يجب الحذر من الإفراط في الربط بين السبب والنتيجة. ثمة مجتمعات تفتقر إلى العدالة لكن أعضاءها لا يشعرون بالحاجة إلى التمرد أو الانشقاق. قد لا يكونون بالضرورة راضين عن وضعهم ، لكنهم في الوقت نفسه لا يعتبرون الانشقاق سائغًا أو مفيدًا. إما لأن ثقافتهم تبرر هذا الوضع وتعتبره مقبولاً أو قدرًا لا مفر منه ، أو لأنهم يجدون وسائل لمعالجة المشكلة غير الانشقاق والتمرد. ولهذا فلابد من القول إن ظهور النزعة الانشقاقية ، يحتاج بالإضافة إلى المبرر الأول ، أي انعدام العدالة ، إلى عوامل أخرى مساعدة ، هي:

1 — فهم الأفراد أو الجماعة لهذا الظرف المحدد باعتباره ثمرة لبنية النظام الاجتماعي أو السياسي المهيمن ، وليس ظرفًا عارضًا. هذا الفهم هو بعبارة أخرى ، تفسير للحالة في الإطار السياسي ، يترتب عليه تحولها إلى مبرر لفعل سياسي مضاد للتنظيم الاجتماعي أو السياسي القائم. هذا الفهم يحتاج إلى قدر من الكفاءة الفكرية والتنظيمية. المجتمعات التي لها تقاليد في

العمل السياسي أكثر قدرة على تحويل الظرف المادي الأولى إلى
ظرف سياسي.

2 – توافر أرضية ثقافية تتقبل الانشقاق وتعتبره خيارًا
مشروعًا في حال انعدام وسائل أخرى أقل كلفة. المجتمعات التي
تملك ثقافة عقلانية أكثر استعدادًا لتقبل الانشقاق ، بخلاف تلك
التي تسودها ثقافة أسطورية أو غير عقلانية ، فهذه تميل إلى
اختلاق مبررات وراء طبيعية لتفسير الظروف المختلفة ، وهي أميل
إلى المحافظة على الوضع السائد. بقدر ما يرتفع المستوى الثقافي
وتنتشر المعرفة بين أعضاء المجتمع ، فإنهم يصبحون أكثر قابلية
للانشقاق.

3 – توافر الأمل بامكانية معالجة الظرف المعني عن طريق
الانشقاق. نشير إلى أن مستوى الأمل يحدد حجم الانشقاق
وتعبيراته وأهدافه. انعدام الأمل لا يمنع الانشقاق لكنه يحصره في
إطار فعل فردي أميل إلى الانكماش واعتزال الجماعة أو الاغتراب.
في المقابل فإن توافر قدر كبير من الأمل يوسع المساحة
الاجتماعية للانشقاق ، لكنه في الوقت نفسه يحد من عنفه
ويجعله أميل إلى القبول بأنصاف الحلول. أخيرًا فإن وجود نطاق
ضيق للأمل يجعل الانشقاق أكثر عنفًا ، لكنه أيضًا يحد من
مساحته الاجتماعية الفاعلة. ونشير هنا إلى دور النخبة الاجتماعية
في تجسير الفجوة أو تعميقها ، فهي تلعب دورًا فعالاً في إقناع

الجمهور بمستوى الأمل المتوافر، في تحديد حجمه وقيمة تمثيلاته وتعبيراته.

إذا توافرت العوامل الثلاثة السابقة فإن التفكير في الانشقاق سوف ينتقل إلى مرحلة الفعل، وهو يبدأ بتصميم الخطاب الذي سيخلق الإطار الاجتماعي ويشكل مبررًا اخلاقيًّا للانشقاق. وفي هذه المرحلة بالتحديد يتجه الفرد (أو مجموعة الأفراد) إلى التفكير في التصوير المذهبي/ الطائفي بوصفه إطاراً ومبرراً.

يترجح اتخاذ الإطار والخطاب المذهبي/ الطائفي بالنظر إلى عاملين، أولهما يتعلق بداخل الجماعة ويتمثل في قدرة هذا الخطاب على التعبئة والحشد وتوفير المشروعية، والثاني يتعلق بخارجها، وهو قدرته على ترسيم الحدود الجغرافية أو الاجتماعية لموضوع المشكلة. فهو من هذه الناحية يسهم في إقامة دائرة مصالح جديدة، يتحدد على ضوئها الأنصار المحتملون والأعداء المحتملون. ونعود هنا إلى الإشارة إلى أن كل مطلب اجتماعي وكل جماعة نشاط هي دائرة مصالح لها أعداء وأصدقاء محددون ومحتملون.

لماذا أصبح المذهب وليس الحقوق المدنية إطارًا رئيسًا للتعبير عن المطالب في العالم الإسلامي؟

في كل مجتمع هناك من يعي حقيقة أن ما يثير وجع الناس هو حرمانهم من العدالة وليس اختلافهم في المذهب. وربما عبر هؤلاء عن رفضهم لاختصار المسألة في الإطار الطائفي أو نسبتها إليه. لكن الأمر لا يتوقف عند قبول هؤلاء أو رفضهم. صياغة المسألة وتحديد إطارها يرجع إلى عوامل عديدة، من بينها دور عامة الناس الذين يميلون إلى التفسيرات المبسطة والمألوفة، مثل التفسير الطائفي لمسألة العدالة، ومن بينها توجه الطرف الثاني (العدو المفترض) الذي يميل إلى تحديد موضع المشكلة وحصرها في إطار خاص كي يسهل التعامل معه، ومنها فاعلية التراث الثقافي للجماعة في توليف مبررات وخلفية للخطاب ووسيلة تسوير للجماعة التي تقوده. دور عامة الناس هو بيضة القبان في هذه المسألة، فالتوافق الاجتماعي الضمني أو الصريح على مسألة هو الذي يحدد مصيرها.

قبول الناس للخطاب الطائفي يخلق بيئة مساعدة أو ربما ثورية توفر المدد البشري والروحي والمادي للخطاب الطائفي. أما إذا رفضه الجمهور فإنه على الأرجح سيتحول إلى حركة أقلية لا تاثير لها. السؤال إذن: لماذا يميل الناس إلى قبول ودعم الخطاب الطائفي، رغم أن مطالبهم ليست في الغالب مذهبية أو طائفية بالمعنى الدقيق، أي لا تستهدف إقناع الطرف الآخر بحقانية طريقهم أو دفعه للتخلي عن مذهبه الخاص؟. يمكن في هذا

الصدد الإشارة إلى تفسيرين محتملين، أولهما يركز على تفجر الهويات الإثنية في العصر الحديث، في حين يركز الثاني على مشكلات عدم التكيف.

## مسألة الهوية

كثير من الباحثين الغربيين الذين راقبوا تفجر الصراعات القومية والمذهبية بعد تفكك الاتحاد السوفيتي عام 1991، مالوا إلى تفسيرها بأنها تعبير عما وصفوه بانفجار الهوية. ويقدر عدد المجموعات الإثنية التي عبرت عن نفسها سياسيًّا بما يزيد عن 3000 في مختلف أنحاء العالم، مقارنة بنحو 900 مجموعة في أواخر سبعينات القرن العشرين. ويقدر عدد الحركات الانفصالية التي قامت في هذا الإطار بنحو 600 حركة خلال العقود الثلاثة الأخيرة.

وخلاصة هذا التفسير أن مجموعات متمايزة إثنيًّا اضطرت سنوات طويلة إلى كبت هويتها أو خضعت لإدماج قسري في ثقافات أخرى مهيمنة، أو أنها لهذا السبب أو غيره كانت غافلة عن هذه الهوية ودورها في تشكيل رابطتها الاجتماعية وشخصيتها المتميزة. لكن مع زوال الهيمنة – بتفكك الدولة السوفيتية مثلاً – ، أو بسبب انفجار ثورة المعلومات والاتصال (انتشار التلفزيون الفضائي، الإنترنت، التلفون المحمول) أو بسبب انتشار مفاهيم حقوق الإنسان والحريات الشخصية والمدنية والمشاركة، أو لهذه

الأسباب مجتمعة، اكتشفت تلك المجتمعات ذاتها الخاصة، أو اكتشفت أنها تتعرض للتمييز أو قلة التقدير لأن الآخرين لا يعاملون أعضاءها بوصفهم مواطنين متساوين مع البقية في الحقوق والواجبات، بل بوصفهم جزءًا من جماعة مختلفة، كما هو حال المسيحيين واليهود في بعض البلاد المسلمة والأكراد في البلدان العربية، والشيعة في البلدان التي أغلبيتها سنية والسنة في الأقطار ذات الأكثرية الشيعية وهكذا.

من هنا فإن اكتشاف الذات والمطالبة بالمساواة اتخذ في أحد وجوهه صورة التركيز على الذات ومحاولة إبراز الحدود الفاصلة بينها وبين الآخر. وهذا بطبيعة الحال عامل هام في تعيين حدود المشكلة ومبرراتها، كما أنه العامل الأبرز لحشد القوة الداخلية.

هذي هي خلاصة الفكرة التي تفهم الصراعات القائمة كتعبيرٍ عن انفجار الهوية. وهي تشير ضمنيًا بإصبع الاتهام إلى الدولة بأنها المذنب في تأخير أو إعاقة الاندماج الوطني وتعميق الهوية الواحدة. وأظن أن كثيرًا من الناس سيميلون إلى هذا التفسير لبساطته وإمكانية تطبيقه على العديد من الوقائع. بناء على هذا التفسير فإن أصحابه يركزون على الحاجة للإقرار بالتنوع والتعدد وقبول الآخر كما هو، وبناء النظام السياسي على أساس توافقي أو تعددي، كما هو في مثال العراق ولبنان.

## مسألة التكيف

يعتمد هذا التفسير على النظرية التي اقترحها دانييل ليرنر في كتابه الشهير:

The Passing of Traditional Society:
Modernizing the Middle East (Macmillan 1958)

عالج ليرنر أنماط الحياة التقليدية وانعكاساتها على سلوك الفرد سعياً وراء تفسير للصعوبات التي تواجه التنمية السياسية في المجتمعات التقليدية. وتوصل إلى أن أبرز سمات المجتمع الحديث هي قابلية الفرد للتكيف وإنشاء تفاهم أو علاقة مصلحة مع الغير بغض النظر عن وحدة انتمائهما الاجتماعي أو معرفته السابقة به. كما لاحظ أن المجتمعات التقليدية هي أنظمة علاقات مغلقة. يقيّم الفرد علاقات مع الأشخاص الذين يجمعهم معه انتماء اجتماعي أو علاقة سابقة، مثل علاقة النسب أو المعرفة منذ الصغر، في حين يصعب عليه إيجاد علاقة تفاعلية مع الأشخاص الجدد. أحد الفوارق المهمة بين القرية — حيث يسود نمط الحياة التقليدي —، والمدينة التي يسودها نظام علاقات حديث، هو أن المدينة مكان لعلاقات مستحدثة دافعها هو المصلحة المادية أو التوافق الفكري أو الروحي. يعتقد ليرنر أن المجتمعات التقليدية تعاني عموماً من صعوبة في التكيف مع التغييرات الثقافية والاجتماعية، وأن هذا العجز يرجع في جوهره إلى عامل ثقافي،

خلاصته انعدام التعدد والتنوع والميل الشديد إلى التشابه والتوحد في الثقافات التقليدية. وهو ما يتبلور في صورة ذوبان كامل للهوية الفردية وهيمنة تامة للهوية الجمعية.

عملية التوحيد هذه تنعكس على صورة ارتباط مكثف للفرد ببيئته الاجتماعية الخاصة ارتباطًا يميل إلى تقديسها أو اعتبارها إطاراً وحيداً للحق والاستقامة والفضيلة ، وارتياب في البيئات الأخرى ، أو تساهل في اعتبارها أدنى مرتبة عند المقارنة ببيئته الخاصة ، وينتج عنه عجز في التفاعل مع الآخرين الذين يأتون من بيئات مختلفة.

تفسر هذه النظرية أسباب فشل المجتمعات التقليدية في تطوير هوية قومية جامعة تندرج في داخلها مختلف المجموعات التي يتشكل منها المجتمع الوطني الواسع. ومع أنها لا تشير إلى الإقليات بوصفهم المسؤول المباشر عن فشلها في الاندماج ضمن الهوية الوطنية ، إلا أنها تساعد في فهم العوامل الثقافية المعيقة لاندماج الأقليات ، سواء كانت هذه العوامل كامنة في ثقافة الأقلية أو في ثقافة الأكثرية.

### الإطار السياسي للمشكلة: مسألة الأقليات

ثمة علاقة وثيقة بين التوتر المذهبي أو الطائفي وبين مسألة الأقليات. فغالباً ما يثور التوتر في البلدان التي يتنوع مجتمعها مذهبيًا أو عرقيًا أو ثقافيًا. ونقصد بالأقلية معناها

السياسي ، أي الشريحة التي تحصل على حقوق أدنى قليلاً أو كثيرًا من المستوى المتوسط لبقية المجموعات في البلد نفسه. لا بأس بالإشارة هنا إلى التقديرات القائلة بأن عشرين دولة فقط من بين 180 دولة في العالم تضم سكاناً من قومية ومذهب واحد ، أي لا توجد فيها أقليات. ولهذ السبب فإن مسألة الأقليات لم تعد هامشية أو مؤجلة في عالم اليوم ، لأن وجودها أصبح سمة عامة في أقطار العالم. صحيح أن وجود الأقلية ليس مشكلة ولا يولد مشكلات في أكثر أقطار العالم ، لكنه على أي حال يمثل احتمالاً يستدعي التدخل المبكر للحيلولة دون ظهور المشكلة أو تفاقمها.

من هذه الزاوية فإن التنازع المذهبي/ الطائفي لا يستمد وقوده من الوصف الديني أو المذهبي للأقلية ، بل من كون الجماعة أقلية تعامل على نحو مختلف عن بقية المواطنين. أو بعبارة أخرى لأن أعضاءها لا يعاملون بوصفهم مواطنين اعتياديين بل بوصفهم أعضاء في أقلية مصنفة إجمالاً في موضع أدنى من بقية شرائح المجتمع. هذا التعامل المهين هو العامل الرئيس في تحوُّل وجود الأقلية إلى فرصة للانشقاق أو التنازع.

إذا قارنا التجربتين المعاصرتين للولايات المتحدة الأمريكية والاتحاد السوفيتي ، فسوف نجد أن المجتمع الأمريكي قد شهد صراعات أقل بكثير مما يتوقع من مجتمع تألف من عشرات الأقوام التي هاجرت إليه بثقافاتها وانتماءاتها المختلفة ،

لكنها شكلت دولة قومية منسجمة يربط بين أجزائها اتحاد متين. ولا زلنا نجد اليوم ملايين من البشر من شتى الانتماءات والثقافات يسعون للهجرة إلى هذا البلد، والاندماج فيما يعرف بالحلم الأمريكي. وعلى النقيض من هذا فإن الأقوام التي شكلت ما كان يعرف بالاتحاد السوفيتي قبل 1991 اختارت جميعًا الاستقلال والانفكاك من الوحدة القسرية فور إحساسها بالقدرة على الخروج من تحت عباءة الدولة المهيمنة.

هذا المثال بذاته يقودنا إلى الجواب عن سؤال: لماذا ومتى تصبح الهوية مبرراً أو إطاراً للأزمة؟. عوداً على المثال الأمريكي، نشير إلى أنه حتى منتصف الستينات من القرن العشرين كان وضع الأفارقة الأمريكيين واحدًا من أبرز أسباب النزاع والتوتر في هذا المجتمع. ونعرف أن سببه هو نظام الرق القديم الذي كرس اعتبارهم — حتى بعد إلغاء الرق — مواطنين من الدرجة الثانية. منذ قيام حركة الحقوق المدنية في منتصف الستينات، شهدت الولايات المتحدة محاولات حثيثة وجادة لفرض المساواة بين السود والبيض وتعزيز فرص الاندماج الاجتماعي بغض النظر عن الاختلاف العرقي. رغم أن وضع السود الأمريكيين ما يزال بعيدًا عن الكمال المنشود، إلا أن التحسن الكبير في ظروف الحياة، ولا سيما الضمانات القانونية للحصول على حقوق وفرص متساوية،

قد قلص كثيرًا من قدرة الاختلاف العرقي على توليد نزاعات داخلية أو نزعات انفصالية.

هذا المثال يكشف عن حقيقة أن التمايز الإثني، أي احتواء المجتمع على مجموعات تختلف هوياتها التاريخية أو الثقافية أو العرقية، يمكن أن يوفر فرصة للانشقاق والتوتر. لكن تحول هذه الفرصة إلى انشقاق فعليّ، وعلى وجه الخصوص اتخاذه إطارًا أقلاويًّا — طائفيًّا أو عرقيًّا — رهن بانعدام العدالة الاجتماعية، بالمفهوم الذي اقترحه جون راول، أي انعدام الخيارات والفرص المتساوية.

## دور النظام السياسي في إطلاق أو تثبيط التوتر:

### من الرعية الى المواطن

بين بدايات القرن العشرين ونهاياته تغيّر مفهوم الدولة والسياسة. وفي نهايات القرن خصوصاً تغيّر فهم المجتمعات لنفسها وعلاقتها بالغير. من المفهوم أن هذه التغيرات كانت ثمرة لعوامل عديدة، تمتد من الحروب الأهلية والدولية إلى شيوع مفاهيم الديموقراطية وحقوق الإنسان، مرورًا بانفتاح الأسواق وغيرها. من أبرز ما تغيّر في هذا الإطار رؤية الجمهور لعلاقته بالدولة. في الماضي كانت الدولة مكثفة في الحاكم، وكان الحاكم هو رب البيت، فإذا تغيّر تغيّر البيت معه. تختصر مقولة ملك فرنسا لويس الرابع عشر **"الدولة هي أنا"** واقع الحال في الأكثرية

الساحقة من أقطار العالم. ولعلنا نتذكر ما نقله مؤرخو العالم الإسلامي عن تحول الناس عن الدين أو المذهب الغالب في بلدهم إذا صعد إلى الحكم ملك يتبع مذهبًا مختلفًا. يمكن القول بكلام مجمل: إن الخضوع والتسليم لشخص الحاكم كان المضمون العام لعلاقة المجتمع مع دولته.

منذ أواخر القرن السابع عشر شهدت أوروبا تغيّرًا تدريجيًا في هذه العلاقة ، تغذى على الأفكار السياسية الجديدة التي أطلقها فلاسفة عصر النهضة ، كما اكتسب زخمًا إضافيًا بسبب الحروب الأهلية والنزاعات الدينية والحركات الثورية ، لا سيما الثورتين الفرنسية (1789) والأمريكية (1783). جوهر التغيُّر المذكور هو تحول صفة الدولة من حاكم فوق الشعب إلى حكم بين أفراد الشعب ، كما أصبحت ممثلاً للمجتمع تستمد سلطتها منه. وترتب عليه نزع الصفة المتعالية للدولة ، وتحديد سلطتها واعتبارها مسؤولة عن أعمالها وعما يجري إجمالاً في الإقليم السياسي الذي يخضع لسلطانها. وصل التغيير في الدول الصناعية إلى مرحلة متقدمة من النضج حيث ترسخت مفاهيم مثل الحقوق الطبيعية والمدنية والمساواة بين المواطنين ، وحاكمية القانون وكون الدولة ضامناً للحقوق الدستورية لكل مواطن. ولهذا فإن الاختلاف المذهبي أو الديني بين أبناء الوطن الواحد لم يعد مشكلة أو مولدًا لمشكلة. فعدا عن الحق الأولي في المساواة بين الأفراد بغض

النظر عن معتقداتهم ، فإن النظام السياسي يوفر آليات قانونية محددة وموثوقة لمعالجة التمييز والعدوان فور حدوثه.

اتخذت الأمور في العالم الإسلامي مسارًا مختلفًا. فبعد استقلال أقطاره ، هيمنت على الحياة السياسية طبقات تقليدية تنظر إلى الدولة والمجتمع من ذات الزاوية وفي الإطار القديم نفسه الذي ساد في مرحلة ما قبل الاستعمار ، أي اعتبار الدولة هيئة مستقلة عن المجتمع تتمتع بسلطات مطلقة. لا يمكن بطبيعة الحال إفراد النخب الحاكمة باللوم على ما جرى. فالمجتمعات المسلمة وقادة الرأي من أهلها يتحملون نصيباً من اللوم على افتقارها إلى ثقافة سياسية تُعلي شأن الإنسان الفرد وحقوقه ، وتسمح بالتفكير في سلطة تمثيلية منبعثة من المجتمع.

على أي حال فإن النظام السياسي الذي ساد الأقطار المسلمة منذ أوائل القرن العشرين وحتى اليوم بقي مشوباً بالكثير من الاختلالات والعيوب فيما يخص العلاقة الداخلية بين الطبقات والشرائح الاجتماعية ، وكذلك العلاقة بين المجتمع والدولة.

ونشير في هذا الصدد على سبيل التمثيل فقط إلى فكرة ملكية الأرض بوصفها مصدرًا للحقوق السياسية. فالمفهوم أن الدولة ــ أيًّا كانت صفتها ــ لم تخلق البشر ولا أرضهم ، وهي لم تجلب هؤلاء المواطنين من أماكن أخرى وتعمر أرضهم وتسكنهم

فيها. بعبارة أخرى فإن الأرض التي تخضع لسلطان الدولة هي ملك أصلي للذين يعيشون فوقها. وبموجب هذا الملك فإنهم وحدهم أصحاب الحق في إدارة مواردها والتصرف فيها. الدولة لا حق لها في أي شيء من تلك التصرفات إلا إذا اتفق أولئك المالكون على تفويضها هذا الحق. ملكية الأرض أعلى وأسبق — من حيث قابليتها لتوليد حقوق التصرف — من الدين والقانون والتوافقات، وإنما تصبح أحكام الدين والقانون سارية إذا وافق المالك على الخضوع لها. أشرنا إلى هذا المثال دون غيره لبيان أن حقوق الأقلية مثل حقوق الأكثرية نابعة من كونها مالكة للأرض أو شريكة في ملك الأرض ومواردها. ومن هنا نقول: إن الدعوة للمساواة والعدالة في توزيع الموارد، ليست مجرد دعوة أخلاقية أو ضرورة سياسية، بل هي أولاً وقبل كل شيء تعبير عن حق أصلي ثابت سابق للدولة والدين والقانون، وإنما تأتي القوانين والأحكام لتنظيم القيام بهذا الحق وتمكين كل فرد من أن يحصل على نصيبه العادل منه.

الذي حصل على أي حال أن المجتمعات المسلمة سارت في اتجاه آخر يغفل ملكية الناس لأرضهم، بل ويعتبرها — صراحةً أو ضمنًا — ملكاً للدولة المستقلة عن المجتمع والحاكمة فوقه. وانطلاقاً من هذا الفهم أهملت الدولة المسلمة مسألة العدالة في توزيع الموارد. في بعض الحالات وجدنا المدن الكبرى تستأثر

بمعظم خيرات البلد ولا ينال الأرياف سوى الفتات. وفي بعض الأحيان ، وجدنا طبقات محددة أو طوائف أو قبائل تفعل الشيء نفسه تحت نظر الدولة وحمايتها وتشجيعها أحيانـًا. في الوقت نفسه فإن النظام الدستوري لمعظم الأقطار الإسلامية لم يكن مفتوحاً ومرناً يسمح بالتغير والتطور من داخله ، أو متفاعلاً مع المجتمع وهمومه ومطالبه.

في العقد الأخير من القرن العشرين شهد العالم كله نهوضًا استثنائيًّا أثمر ثورة في الوعي الفردي بالذات الفردية والجمعية ، وتوافرت أدوات المقارنة بين واقع الحال في كل بلد مع البلدان الأخرى. ونتج عن هذا وذاك انكشاف العيوب البنيوية في النظام السياسي لكل بلد ، وبدأ الناس يفهمون الظلم الواقع عليهم باعتباره نتاجاً لبنية النظام وليس ظرفـًا عارضًا.

يوضح هذا التصوير أن المشكلة الجوهرية هي انعدام العدالة الاجتماعية. لكن السؤال الذي يعود مرة بعد أخرى هو: لماذا اتخذ التعبير عن الانشقاق والإنكار على الدولة إطارًا مذهبيًّا/ طائفيًّا ؟. ولماذا اتجه جانب من الزخم لمصارعة الشرائح الأخرى في المجتمع التي لم تكن هي الأخرى أحسن حظًّا من تلك الغاضبة ؟.

الجواب عن ذلك يكمن في موضوع الهوية الذي أشرنا إليه في صفحات سابقة. فالخطاب الطائفي أقدر على استثمار التراث

الثقافي للجماعة في توليف مبررات وخلفية للخطاب ووسيلة تسوير للجماعة التي تقوده. وهو الأقدر على جلب قبول الجمهور، وبالتالي خلق بيئة مساعدة أو ربما ثورية توفر المدد البشري والروحي والمادي للدعوة السياسية. في الحقيقة فإن عناصر القوة هذه متوافرة في الطرفين ، فالدولة أيضًا استعملته لتحديد موضع المشكلة ولتعزيز البيئة الاجتماعية الموالية لها من خلال عرض المشكلة كما لو كانت تمرداً من تلك الجماعة على هذه الجماعة. بكلمة أخرى فإن الذي ولَّد المشكلة ليس التمايز الطائفي بل التمييز الطائفي. ولدينا الكثير من الأمثلة المعاصرة التي تظهر أن الإطار الطائفي كان واحدًا من الأدوات التي استعملت للتعبير عن المطالب السياسية / الاجتماعية.

وفي الحالات التي لم يكن هذا الإطار فعَّالاً، استخدمت إطارات تؤدي الغرض نفسه. فلو لم يكن لدينا مذاهب لظهرت النزاعات نفسها ولكن تحت عناوين بديلة. كمثال على ذلك ، فإن الأكراد العراقيين (السنة) حلفاء للشيعة العرب وليس للسنة العرب ، كما أن الجماعات السلفية المتطرفة في الجزائر تقاتل الجزائريين السنة وليس الشيعة. وفي السودان تحالف مقاتلو دارفور المسلمين مع الجنوبيين المسيحيين أو الوثنيين ضد المسلمين الحاكمين في الخرطوم ، واتخذت باكستان وكثير من الدول الإسلامية موقفـًا مؤيدًا أو متغاضيًا عن الاجتياح الأطلسي

(المسيحي) لأفغانستان ضد طالبان (المسلمة). ونعلم أيضًا أن أيـًا من الدول الإسلامية لم تعترف بجمهورية قبرص الشمالية التركية (المسلمة) حفاظـًا على علاقتها مع اليونان والقبارصة اليونانيين (المسيحيين). وفي لبنان هناك على جانبي الصراع أطراف شيعية وسنية ومسيحية ، وبعضها يصنف كحركات دينية. ويمكن جرد عشرات الأمثلة على هذا عن مجتمعات إسلامية كثيرة.

## مقترحات لمعالجة المسألة الطائفية

أشرنا سابقـًا إلى أن الخلاف بين الشيعة والسنة يستمد وقوده أحيانـًا من مبررات دينية/ مذهبية واجتماعية ، فضلاً عن المبررات السياسية التي شرحناها بالتفصيل في الصفحات السابقة. ونزيد هنا أن كلًّا من تلك المبررات يتطلب معالجة خاصة هي الوجه المقابل لبيان العلل والأسباب. كما أنه يولد مسؤولية على شريحة معينة من شرائح المجتمع بدرجة أكبر من غيرها. يمكن تصور العلاج على واحد من ثلاثة مسارات ، وربما يتطلب الأمر العمل على مجموع هذه المسارات:

## المسار القانوني – السياسي

في اعتقادي أن الحل الحاسم للنزاع المذهبي ، هو ذاته الحل الذي جُرِّب في كثير من أقطار العالم علاجًا للنزاعات الأهلية. وهو على وجه التحديد توفير قنوات المعالجة السياسية للمشكلات من خلال التمثيل العادل للأقليات والجماعات الإثنية

في النظام السياسي ، وتوفير القنوات السياسية والدستورية لمعالجة الشكاوى والمشكلات. بلدان العالم الإسلامي التي تعاني من انشقاقات على خلفية دينية أو مذهبية أو إثنية ، هي في الوقت عينه بلدان يشكو أهلها من انعدام العدالة الاجتماعية ، أو انعدام المساواة في الفرص والحقوق والالتزامات.

كل مجتمع في أي بقعة من العالم ينطوي على انقسامات أو إمكانية للانقسام. كل واحد من هذه الانقسامات يمكن ان يستخدم مبرراً للنزاع. تصنف الانقسامات الاجتماعية إلى صنفين رئيسين:

أ – الانقسامات العمودية ، أي التمايز بين الناس بحسب الهويات التي يرثونها مثل النسب العائلي والقبلي والإقليمي والعرقي ، وكل هوية لم يكتسبها الإنسان بوعيه بل أصبح جزءًا من إطارها الاجتماعي يوم ولادته.

ب – الانقسامات الأفقية ، أي التمايز بين الناس بحسب خياراتهم الواعية في مراحل الرشد العقلي. مثل الانقسامات الطبقية والأيديولوجية والسياسية. الانقسام المذهبي أو العرقي – كما هو واضح – ينتمي إلى النوع الأول وهو سمة عامة في المجتمعات التقليدية.

ويتمايز الانشقاق بين ضعف وشدة بحسب توافر وسائل تثبيط المنازعة ، سواء من جانب الدولة أو من جانب المجتمع.

هذه الوسائل قد تكون مصادر مالية وقد تكون مؤسسات دستورية أو سياسية. يمكن للمال أن يلعب دوراً فعَّالاً في تبريد التوترات الناشئة عن إحباطات سياسية. كما أن توافر مؤسسات سياسية مثل الأحزاب ومنظمات المجتمع المدني يمكن أن يساهم بفعالية في عقلنة المطالب وتحويل اتجاهات التوتر من الإطارات المذهبية والإثنية إلى الإطارات المدنية القانونية، وبالتالي الفصل بين موضوعات التوتر (وهي معيشية أو سياسية غالبًا) وبين مصادر التثوير الطائفي أو الإثني (أي التراث الخاص بالجماعة). يمكن للمؤسسات الدستورية مثل البرلمان والقضاء أن تؤدي أيضًا هذا الدور وتخدم الغاية نفسها.

تستطيع المؤسسات السياسية والدستورية القيام بهذا الدور إذا كان النظام السياسي/ الاجتماعي تعدديًّا يتقبل وجود مصالح متباينة وتوجهات مختلفة ويتعامل معها إيجابيًّا. وفي ظل نظام كهذا فإن منظمات المجتمع المدني والأحزاب السياسية وكذلك مؤسسات الدولة الدستورية كالقضاء والبرلمان، يمكن أن تقوم بدور مؤثر في معالجة التوترات ذات الوجه الإثني بتحويلها إلى توترات مطلبية مدنية.

ومن المهم أيضاً مساعدة الجماعات الإثنية على التمثل بصورة منصفة وفعَّالة في النظام السياسي، حتى يشعر الجميع بأن الدولة دولتهم وليس دولة الآخرين المهيمنة عليهم.

## المسار الاقتصادي

في معظم الحالات التي نعرفها فإن الإحباطات السياسية هي انعكاس لإحباطات معيشية واقتصادية ، سببها الرئيس عدم التوازن في توزيع الموارد الوطنية أو تباطؤ الجهود التنموية للدولة في مناطق الأقليات. وثمة أدلة كثيرة على هذا المدَّعى في تجربة العراق وإيران والسودان والباكستان وبعض دول الخليج ولبنان قبل 1975.

في السنوات الأخيرة جرّب عدد من الدول مثل الصين إقامة ما يوصف بشبكة الحماية الاجتماعية ، وهي إطار قانوني ومنظومة من الإجراءات التنفيذية غرضها مساعدة المناطق الأكثر فقراً على النهوض والوصول إلى مستوى مقارب لمتوسط النمو الاقتصادي على المستوى الوطني. كما يتضمن نوعاً من التمييز الإيجابي الذي يستهدف حماية الفقراء من الانعكاسات السلبية للحراك الاقتصادي السريع في المناطق الأكثر ازدهارًا. ويمكن القول في الإجمال: إن تحقيق قدر معقول من التوزيع العادل للموارد ، والتنمية المتوازنة ، سوف يعزز الأمل في حياة أفضل من خلال النظام الوطني وليس بالانشقاق عليه. هذا الأمل هو البديل الطبيعي عن التوجهات الانشقاقية ، سواء كانت خلفيتها مذهبية أو غيرها.

يجب الإشارة إلى أن المسالة الجوهرية في كلا المسارين السياسي والاقتصادي هي توفير أكبر قدر ممكن من الفرص والخيارات أمام الأفراد. وجود فرص كافية أو عادلة يدفع بالأفراد الأكثر طموحاً إلى ابتكار وسائل لمعالجة مشكلاتهم من خلال أدوات النظام القائم وضمن قنواته ، بدل الانشقاق عليه. الأمر الذي يقلل من الحاجة إلى استنهاض الخصائص الذاتية للجماعة واستعمالها وقوداً في الانشقاق.

## المسار الثقافي

يعالج هذا المسار بصورة محددة "**ذهنية الانفصال والانقطاع**" التي يتضح الآن أنها سمة شخصية عامة في مثل مجتمعاتنا. هوية الفرد في هذه المجتمعات لازالت غير محددة ، أو أنها تنطوي على تكوين غير منسجم بسبب التربية الممزقة والمتعارضة. حتى التربية المدرسية تنطوي على توجيهات متناقضة وقد لاحظ باحثون خلال السنوات الأخيرة أن مناهج التربية الدينية في المدارس السعودية مثلاً تركز على محورية الدين (في نسخته السنية الحنبلية) بوصفه مكوناً وحيداً لهوية الطالب ، وهي تنفي – ضمنيًا – الانتماء الوطني باعتباره مخلًّا بنقاء الإيمان. في حين تتركز التربية المنزلية حول الانتماء المذهبي أو القبلي للطالب بديلاً عن الأول وموازياً للثاني ، وتركز وسائل الإعلام على الانتماء الوطني بوصفه مكوناً وحيداً للهوية متعارض أحياناً مع

الانتماء الإثني أو المذهبي. في العراق مثلاً تركز التربية المدرسية على الانتماء القومي العربي ، وهو الأمر الذي ولـّد إحساسًا فوقيًّا عند العراقيين العرب تجاه العراقيين الأكراد.

مصدر هذه المشكلة في ظني هو افتقار تراثنا الثقافي إلى صياغة صحيحة لمفهوم "**الوطن**". نعرف بطبيعة الحال أن الوطن كفكرة عامة موجود في تراثنا القديم ، لكنه مختلف عن المفهوم المعاصر الذي نتداوله والذي يطابق ما يعرف بالدولة القومية. الوطن في مفهومه المعاصر هو الرابطة التي موضوعها الموارد المادية المشتركة بين جميع سكانه ، أي الملك المشترك بينهم بغض النظر عن انتماءاتهم. ونعرف أن الملك هو أقوى مصادر الحق. ضمن هذا المفهوم فإن كل فرد مالك وذو حق في وطنه ، حق لا يمكن سلبه ولا عزله ولا إنكار ما يترتب عليه ، سواء كان المالك متفقاً أو مختلفاً مع البقية ، وسواء كان طيّبـًا أو فاسدًا ، حسنـًا أو قبيحـًا. لقد دخل هذا المفهوم إلى ثقافتنا بعد اتصالها بالثقافة الأوروبية ولم يجرِ تنسيجه حتى اليوم ضمن الثقافة الإسلامية والشعبية السائدة.

بسبب ضبابية هذا المفهوم وعدم اندراجه في الثقافة العامة ، فإن التوجيه الديني والأخلاقي ما زال منفصلاً ، وأحيانـًا متباينـًا ، عن التربية الوطنية. بعبارة أخرى فإن الدعاة الدينيين ومعلمي المدارس والآباء يوجهون الأفراد إلى علاقة قائمة على

التماثل القيمي والأخلاقي. فالصديق الجيد هو الصديق الذي يتحلى بصفات مماثلة للداعي والمربي ، ومن عداه فهو غريب.

ثمة كثير من الكلام في الكتب المدرسية الجديدة وفي وسائل الإعلام — لا سيما الرسمية منها — حول الوطن. لكن الصورة العامة التي تقدمها هذه المصادر هي صورة الوطن الرومنسي الذي يستوجب الولاء والتضحية وليست صورة الوطن الواقعي الذي هو شراكة مصالح. وبسبب التفاوت الفضيع القائم بين ما تحصل عليه الطبقات القريبة من قمة السلطة والأكثرية البعيدة عنها ، فإن التضحية المشار إليها مطلوبة فقط من الطبقات الدنيا ، أما الأعلون الذين يجنون اللباب فلا يتوقع منهم التضحية ولا هم مستعدون للتضحية. فالصغار والفقراء هم الذين يموتون في الحروب وهم الذين يقدمون العون للضعفاء وهم الذين ينافحون عن وطنهم ، رغم أنهم الأقل استفادة منه. سيادة ذلك التصوير الرومنسي للوطن وغياب التصوير الواقعي هو نتاج لافتقار ثقافتنا العامة وتراثنا إلى إطار مناسب لتقعيد فكرة الوطن وتنسيجها.

حل هذا الإشكال يستدعي ترسيخ فكرة أن الفرد هو مواطن وشريك لبقية المواطنين ، وأن التباين في القيم والأخلاقيات والمتبنيات العقيدية وغيرها هي مجرد إضافة وليست قيمة أصلية تتقرر على ضوئها العلاقة بين المواطنين. الوطن ليس مجرد

تصوير جمالي أو أمنية ، بل هو أولاً وقبل كل شيء شراكة قائمة ومفتوحة يتساوى فيها الجميع ، في مغانمها وفي مغارمها.

## تراث الفرقة

يقودنا هذا إلى مسألة لا تقل أهمية ، ألا وهي تمحور جانب كبير من خطابنا الديني حول ما يمكن وصفه بتراث الفرقة. أشرنا سابقاً إلى أن الحكومات والجماعات الدينية والإثنية قد أعادت تفسير التراث المشترك على نحو حوّله إلى مبرر للفرقة. ونزيد هنا أن هذا التراث هو اليوم المادة الرئيسة وأحياناً الوحيدة للتوجيه الديني. معظم الذين يتحدثون في الدين ، سواء على المنابر أو في أجهزة الإعلام ، يتخذون من ذلك التراث محوراً لحديثهم. وهو أمر يؤدي بالضرورة إلى تكريس ذهنية الانقطاع التي أشرنا إليها. وبسبب سيادة هذا المنهج فقد ساد ما يمكن وصفه بذهنية عامة تنكر أي محاولة لردم الفجوات بين اتباع المذاهب والإثنيات المختلفة. وشكّلت هذه الذهنية حاجزًا شديدًا يمنع القادة الدينيين من مراجعة تراث الفرقة أو نقده أو تجاوزه. كثير من المفكرين والقادة الدينيين يعانون اليوم من قهر العامة الذين يرفضون أي تعديل في ذلك المسار الخاطئ ونذكر أن بعض أولئك المفكرين والقادة قد تعرضوا للقمع الاجتماعي عندما حاولوا الخروج من الصندوق الطائفي أو مراجعة محتوياته.

لهذا السبب فإنه لا يمكن الاقتصار على الجانب الثقافي في معالجة التازم الطائفي. مادامت مصادر التازم السياسية والاقتصادية قائمة ، فإن محاولات العلاج الثقافي سوف تلقى على الأرجح آذاناً صماء. في ظني أن العلاج الثقافي سيكون فعّالاً إذا اكتشف الجميع مصلحة مادية ملموسة وقريبة المنال في الشراكة الوطنية. وهذا يعيدنا إلى المسارين السياسي والاقتصادي. لا يسع الموجهين الدينيين فعل شيء ذي شأن ما لم تبدأ تأثيرات المسارين السياسي والاقتصادي في الظهور ، أعني في معالجة مصادر المشكلات ولا سيما الإحساس بالظلم. مثل هذا التطور سوف يمتص خزان الزيت الذي يُبقي نار الانشقاق مشتعلة. لا يمكن فصل المطالب المدنية الحياتية عن مصادر الوقود الطائفي إلا إذا اتجه الوضع الاجتماعي العام إلى الارتخاء ، وهذا بدوره لا يتحقق الا إذا شعر عامة الناس بوجود أمل قوي في إصلاح الأمور ، سواء على الجانب الاقتصادي أو السياسي. إذا تحقق الارتخاء السياسي والاجتماعي فسوف يكون الناس أكثر استعداداً وقابلية لنقد تراثهم وتصوراتهم عن ذاتهم وعن الغير ، ولن يتهم – حينئذ – أي مصلح بأنه يساوم على المعتقدات أو يساوم في المبادئ.(6)

---

(6) المسألة الطائفية: بحثاً عن تفسير خارج الصندوق المذهبي – مجلة الكلمة – 14 /6 / 2008 – نقلاً عن: الموقع الإليكتروني لمركز الخليج لسياسات التنمية – الرابط:

## الصفار: شيعة السعودية يريدون المساواة

القطيف (السعودية) — رويترز

قال عالم الدين السعودي الشيخ حسن الصفار إن الطائفة الشيعية في المملكة موالية للسعودية وليس لديها طموحات للحصول على قدر أكبر من الاستقلالية حتى إذا ظهر مشروع محتمل لدولة فيدرالية بشكل فضفاض في العراق بعد الإطاحة بصدام حسين. وأضاف الصفار في تصريح لوكالة رويترز: "**الحكومة السعودية تعرف ولاء المواطنين الشيعة في البلاد**".

وتابع قائلاً: "**الشيعة لا يريدون شيئاً خاصاً لأنفسهم، إنما يريدون المساواة**". وأشاد الصفار بـ "**الحوار العقلاني**" الذي بدأه ولي العهد السعودي الأمير عبد الله العام الماضي وشمل جميع فئات المجتمع. كما شدد عالم الدين السعودي الشيعي على استقلال قرار الشيعة في المملكة مؤكدا أن الاتصالات مع المراجع

---

**https://www.gulfpolicies.com/index.php?option=com_content&view=article&id=177:2011-07-20-21-29-45&catid=145:2011-04-09-07-47-04**

لأغراض دينية محضة. وقال الصفار إنه: "فيما يتعلق بالسياسة فإن قراراتنا محلية ولا يتخذها أي طرف خارج البلاد".(7)

## العلاقة بين الشيعة والتيار السلفي

### 2004/10/3 م

**\*بقلم/ عبد العزيز الخميس**

بدأت العلاقة بين التيار السلفي وأتباع المذهب الشيعي بالتوتر بعد مؤتمر الأرطاوية الذي عقد عام 1926 الذي اجتمعت فيه قبائل الإخوان السلفية كبداية حركتها ضد الإمام (الملك فيما بعد) عبد العزيز، منكرين عليه تصرفات عديدة منها تنصيب نفسه ملكا، لأن الإسلام يحرم الملكية، ومنها استخدامه السيارات والتلغراف والتلفون لأنها من أعمال السحر، ومنها أيضًا سكوته على شيعة الأحساء والقطيف وتقاعسه عن فرض الإسلام "الصحيح" عليهم (البند العاشر).

### الفتوى بشأن الشيعة:

وأحال الملك عبد العزيز بعد ذلك بحوالي سنة في مؤتمر الرياض في يناير/ كانون الثاني 1927 مطالب الإخوان إلى العلماء طالباً الإفتاء في شأنها، فأفتوا فيما يتعلق بالشيعة على عبد العزيز

---

(7) الصفار: شيعة السعودية يريدون المساواة – تقرير – صحيفة الوسط البحرينية – العدد 519 – السبت 7 /2 /2004.

أن يلزمهم البيعة على الإسلام "**الصحيح**"، وهو ما شرحه كتاب التوحيد للشيخ محمد بن عبد الوهاب، ويمنعهم من "**إظهار شعائر دينهم الباطل**"، ويمنعهم من جملة أمور أخرى منها زيارة المشاهد (كربلاء والنجف). وكذلك تهدم أماكنهم "**المبنية لإقامة البدع في المساجد وغيرها، ومن أبى قبول ما ذكر ينفى من بلاد المسلمين**".

لم ينفذ الملك عبد العزيز من بنود الفتوى إلا منع الشيعة من ممارسة العزاء الحسيني علانية، وقام بهدم ما نصب على القبور في مقبرة البقيع بالمدينة المنورة وغيرها من المقابر التي يراها الشيعة مقدسة. أما إجبار الشيعة على التسنن فقد اصطدم بظروف المملكة الوليدة وعلاقاتها الدولية، خاصة وأن البريطانيين كانوا يرفضون الذهاب إلى مدى أبعد في الرضوخ لمطالب الإخوان. كما أن الملك عبد العزيز عزم أمره على مواجهة قبائل الإخوان في حرب حشد فيها وراءه حضر البلاد وبعض القبائل. ولقد نجح في مهمته مما أراح صدور الشيعة من خطر استئصالي قادم، لكنهم بقوا تحت سلطة قرارات أبرزها منعهم من ممارسة شعائرهم.

ولعل من نافلة القول أن هناك سببًا اقتصاديًا وراء ذلك، هو أن الشيعة يقطنون في مناطق غنية وزراعية، واعتبرت الأحساء بأنها سلة غذاء الجزيرة العربية لتوفر الماء بكثرة، هذا جعل من الملك عبد العزيز يتنبه إلى أن خراج المناطق الشيعية يمنعه من الولوغ في عمل عدائي قوي، خاصة أن الشيعة كانوا عند التزامهم بدفع الخراج على أكمل وجه.

لم تتوقف معركة السلفيين مع الشيعة عند التزام الملك عبد العزيز بسلامتهم نتيجة مواثيق ملزمة وقعت من قبل حكام من الأسرة المالكة سبقوا الملك عبد العزيز ، بل استمرت في عهد أبنائه حيث واجه الشيعة مضايقات من قبل أجهزة الأمن التي تمتلئ بممثلي التيار السلفي. ولقد استعمل التعسف والقسوة ضد الشيعة من قبل النظام لإثبات أنه حريص على السلفية والدين الحق ولإثبات حسن نواياه تجاه هذا التيار القوي.

من جانبه كان التيار السلفي معادياً إلى درجة كبيرة يقوده في ذلك إيمانه بخروج الشيعة عن السنة ، والتزام هذا التيار بطاعة ولي الأمر التي تتعارض مع المبادئ الشيعية الثورية التي تؤمن بالإمام الغائب لا الحاضر والحاكم. ومع تطور وتنوع فروع التيار السلفي بدأت أفرع منه ترى إمكانية التعايش مع الشيعة في المملكة على أن يكونوا على مرتبة تقارب مرتبة الذميين ، لكن السواد الأعظم من السلفيين مؤمن بالاختلاف المذهبي ويعترف بأن الشيعة مذهب آخر لكنه مجبر على التعامل بطريقة تتجاهل وجود الشيعة.

## الورقة الشيعية

لقد عانى السلفيون من علاقتهم بالسلطة الزمنية ، فهم مضطرون إلى التعاون معها نتيجة للاتفاق التاريخي بين مؤسس العائلة المالكة محمد بن سعود والشيخ محمد بن عبد الوهاب الأب الروحي للسلفية ، وبدأت العلاقة تتوتر بعد أن أحس السلفيون أن الطرف الآخر وهو العائلة المالكة تنحو منحى لإقامة سلطة سياسية عصرية تقلص من نفوذ التيار السلفي ، وبدأ الطرفان يستعمل أوراق لعب مختلفة من بينها الورقة الشيعية ،

ولقد كانت حرب "السبلة" هي الفاصلة بين إقامة دولة عصرية وبين ثنائية السلطة ، حيث انهارت القوة العسكرية السلفية ، لكنها لم تلبث أن استعادت بعض نفوذها بعد أن قدمت تنازلات للسلطة السياسية منها تغاضيها عن مطالب عديدة ، لكنها لا تلبث أن تعيد الكرة وتطرح أوراقا جديدة أو تستذكر القديم من الأوراق كالورقة الشيعية.

استعمل السلفيون سنة 1925 الشيعة في صراعهم مع السلطة السياسية حين طالبوا بمنع شيعة الأحساء من أداء العبادات العلنية ، وإجبارهم على المثول أمام كبار هيئة العلماء ، وأن يأمرهم بقطع الدعاء لآل البيت وإبطال الاحتفال بذكرى ولادة ووفاة النبي محمد(ص) وعليّ ، وكذلك طالبوا بأن يمنعهم من زيارة المناطق المقدسة لدى الشيعة مثل كربلاء والنجف ، بل ذهبوا إلى أبعد من ذلك بحيث طالبوا أن يحملهم على تدريس مؤلفات محمد بن عبد الوهاب ، والأمر بهدم معابد الشيعة في الأحساء.

واجه الملك عبد العزيز هذه المطالب بالرفض ثم بحربهم في معركة السبلة. بعد تلك المعركة الشرسة لملم السلفيون جراحهم وانغرسوا في رمال نجد الساخنة وتوزعوا بين بيوت القرى النائية ليعيدوا ترتيب أمورهم ويلملموا جراحهم ، ولم تنقض مدة طويلة حتى عادوا إلى ساحة المعركة بأساليب جديدة منها التشبث بالمطالب التي تخص الشيعة لكن مع تخفيف لها ، فلا قتل ولا استئصال بل مقاطعة وتعنيف وتكفير ، مع مراعاة أن ولي الأمر أي السلطة السياسية هي المكلفة أمام الإله تنفيذ الأحكام الربانية ، وهذا يعني أن السلفيين تركوا مهمة تنفيذ الأحكام لولي الأمر ،

فأراحوا صدورهم من هم أثقلهم وهو الاتهام بالتقصير عن تنفيذ السنن والأوامر الدينية.

ينطلق السلفيون المعاصرون في حكمهم على الشيعة من حكم الشيخ عبد العزيز بن باز الذي عدهم في فتوى له أصحاب شرك أكبر ، وبالتالي فمشكلة السلفية مع الشيعة مشكلة خلاف على التوحيد. فالسلفية تعتبر الشيعة مشركين لزيارتهم وتعظيمهم القبور وهذا -بقولهم- من الشرك. وأدى الخلاف الشرس بين الطرفين إلى تكفير كل طرف الآخر.

تشبث معظم السلفيين بمنطق شيخهم ابن باز في حين رد الشيعة على ذلك بتكفير السلفيين واعتبارهم قوما مارقين لا يتبعون سنة الرسول الداعية إلى محبة آل البيت وحقهم السياسي. لكن السلفيين يرون أن ولي الأمر هو مالك الحق الرئيسي في التعامل مع الشيعة ، وأنهم يمكن أن يقبلوا بسياسته المهادنة للشيعة تبعاً للضرورات السياسية وحق ولي الأمر المقدس في اتخاذ ما يراه صالحا للأمة.

لكن من المفيد للحقيقة ذكر أن هناك تناقضات كثيرة في الموقف السلفي ، فبعضهم يعتبر ما يقوم به الشيعة من توسل عند القبور شركا أكبر في حين يعتبره البعض الآخر منهم بدعة لا شركًا. ولم يحل هذا الموضوع رغم تدخُّل الشيخ ابن باز واعتباره الشيعة مشركين.

كان للتماس الكبير والجوار بين نجد ومناطق يكثر فيها الشيعة دور في تعاظم الصراع السلفي الشيعي ، بل إن نجد كانت قبل بزوغ دعوة الشيخ محمد بن عبد الوهاب موطنًا لممارسات شيعية اثنا عشرية وزيدية (كان النجديون يتوسلون عند قبر زيد

بن الخطاب الذي قتل في معارك المسلمين مع المرتدين قرب قرية الجبيلة شمال الرياض)، ويمكن للمراقب أن يرى كثرة استخدام أسماء علي وحسين وحسن في نجد وتقلص ذلك مع تزايد النفوذ السلفي ، وقد تستغرب حين لا ترى في العائلة المالكة السعودية – رغم بلوغ عدد أفرادها سبعة آلاف – اسم علي أو حسين أو حسن لأحد من أفرادها.

اختلط الصراع السلفي الشيعي بظروف إقليمية واختلافات مذهبية كان من السهل تفهمها لو أتيح نصيب للحوار غير المتشنج ، لكن الطرفين رفضاً إلا أن يعتبرا نفسيهما خليفة الله على أرضه والفرقة الناجية ، فأصيب كثيرون بشظايا هذه المعارك التي لن تنتهي قريبًا.

يذهب محللون وخبراء إلى القول إن مشكلة الأقليات في المملكة تتركز في ما يعانيه الشيعة في المنطقة الشرقية من تصرفات تذهب إلى انتزاع حقهم في التعبير عن معتقداتهم ، لكن المشكلة لا تنحصر في هؤلاء فقط فالمملكة العربية السعودية متنوعة وفيها من المذاهب الأخرى مثل الإسماعيلية والطرق الصوفية مثل النقشبندية ناهيك عن المالكية والحنفية والشافعية والزيدية.

لكن نبرة الإخوة من شيعة الشرقية هي الأعلى في المطالبة بحقوقهم نتيجة لارتفاع مستوى تعليم ومعيشة نسبة لا بأس بها منهم ، ولا أبتعد إذا قلت إن ما يعانيه هؤلاء هو نفسه ما يعانيه غيرهم من مواطني المملكة ، حيث يفتقر الجميع لحرية التعبير والإرادة وتضطر الأغلبية إلى التسليم واتباع ما يطلب منه من قبل الظلاّم ، في حين يقاوم الشيعة في الشرقية والإسماعيليون في

نجران لأنهم أكثر اطلاعًا وتواصلاً مع إخوتهم في المذهب خارج المملكة ، ولإيمانهم بأن لهم حقًا في أن يتمتعوا بحقوق المواطنة وواجباتها ، وأهم حقوقها الحق بممارسة الحرية الدينية.

إن معاناة الشيعي من القمع لا تختلف عن معاناة المرأة السعودية من الحرمان والرجل السعودي من الاضطهاد. والحل لا يأتي من معالجة النتائج بل هو في التوجه لحل المعضلة الرئيسية وهي غياب التسامح والمشاركة السياسية والنقص في حقوق الإنسان ، وبعد أن يشعر كل مواطن – بغض النظر عن معتقده وعرقه وجنسه – بأن الوطن له وأن كرامته مصانة وحريته مضمونة ، يمكن لنا أن نتحدث عن التفريعات ، ومنها مشكلة الطائفة الشيعية في المملكة.([8])

---

([8]) العلاقة بين الشيعة والتيار السلفي – عبد العزيز الخميس – مقال – الموقع الإليكتروني لقناة الجزيرة (الجزيرة نت) – 2004/10/3 – والكاتب هو المشرف العام على المركز السعودي لحقوق الإنسان – الرابط:

http://www.aljazeera.net/specialfiles/pages/BD395E21-EFC9-44EB-ACB7-2523B12A5802

## انتفاضة المهمشين على قبضة الوهابيين

## الشيعة في السعودية

في الرابع والعشرين من فبراير /شباط وعند مدخل المسجد النبوي الشريف في المدينة المنورة ، وقعت اشتباكات دموية بين الزوار الشيعة ورجال الشرطة الدينيين في السعودية (المطوعين) وقوات الأمن. وقد يكون لتوقيت التصادمات ومكانها عواقب وخيمة على أمن البلاد ، إنْ لم تهدد النظام السعودي ذاته يكن على المنطقة بأسرها. في ذلك اليوم ، وإحياءً لذكرى وفاة النبي محمد ، تجمع زهاء عشرين ألفاً من الحجاج الشيعة بالقرب من المسجد متبركين بقبر النبي الكريم ، وهو ما اعتبرته السلطات الوهابية الحاكمة هرطقة ووثنية.

ولذلك حاول "**المطوعين**" — رجال الشرطة الدينية من هيئة "**الأمر بالمعروف والنهي عن المنكر**" — تفرقة الحجاج مستخدمين هراوتهم وبمساندة رجال الشرطة الذين أطلقوا الأعيرة النارية في الهواء. أبدى الحجاج مقاومة ، وفي إثر ذلك اندلع الهلع والذعر وأسفر التدافع عن مقتل حجاج ، وإصابة المئات بجروح.

وما زال عدد كبير من الزوار محتجزين ، ومن بينهم خمسة عشر صبياً مراهقاً.

### الحوار ـ استراتيجية عقيمة ؟

سعى ممثلون عن الطائفة الشيعية في المملكة العربية السعودية في إثر ذلك إلى لقاء الملك عبد الله لإطلاق سراح المعتقلين. ويبدو أنهم تصوروا أن الحوار يشكل استراتيجية واعدة: فقبل عشرة أيام فقط ، كان الملك عبد الله قد أعلن عن أجندة إصلاحية واعدة للبلاد. ولكن الملك رفض مقابلة وفد الشيعة. لقد أدت أعمال العنف التي وقعت خارج الحرم المدني إلى مظاهرات احتجاج لم يسبق لها مثيل أمام السفارات السعودية في لندن وبرلين ولاهاي ، حيث طالب المتظاهرون بالاستقلال عن الدولة السعودية. غير أن القانون في المملكة العربية السعودية يمنع مثل هذه التظاهرات بطبيعة الحال. ولكن القمع الداخلي لم يفلح إلا في تصدير المشكلة واتساع نطاقها. وفي ضوء هذه التطورات والممارسات من قمع وتفرقة عنصرية فإن مستقبل المملكة ووحدتها قد يتهددها الخطر يوماً ما.

يمثل الشيعة حالة خاصة في السعودية ، فهم يشكلون 75 في المائة من سكان المنطقة الشرقية، أهم المناطق السعودية إنتاجاً للنفط. ويشعر الشيعة بالانتماء دينيًا وعاطفيًا إلى شيعة العراق أكثر من انتمائهم إلى المملكة السعودية. وبالفعل ، لقد

قويت في الفترة الأخيرة شوكة شيعة العراق الذين تعرضوا إلى القمع عصوراً طويلة ، وهو ما أدى إلى ارتفاع الآمال بين الشيعة في المملكة العربية السعودية في أن يتمكنوا هم أيضاً ذات يوم من اكتساب وضع المواطنين من الدرجة الأولى.

## تحجيم إيران كسلطة اقليمية

غير أن النظام السعودي ينظر إلى إيران الشيعية باعتبارها تشكل الآن التهديد الأمني الأعظم خطورة على الإطلاق. وتعتبر السلطات السعودية تظاهرات الشيعة مظهراً من مظاهر النفوذ السياسي الإيراني ، وذلك لأن تلك الأحداث تزامنت مع احتفال إيران بالذكرى السنوية الثلاثين لمولد الثورة الإسلامية. وهذا يعني أن قمع الشيعة يشكل جزءاً من الاستراتيجية التي تتبناها المملكة في التصدي لمساعي إيران الرامية إلى فرض هيمنتها الإقليمية على المنطقة.

ولكن هذه الرؤية قصيرة النظر للغاية ، فلن يتسنى للمملكة أن تتطور وتصبح نموذجًا جذابًا بالنسبة للأقليات التي تعيش فيها إلا إذا شهدت تحوُّلاً ينقلها من مفاهيم الهوية الوطنية السعودية الوهابية الجامدة إلى هوية وطنية أكثر شمولاً. أما اليوم فإن الشيعة الذين سلبوا نفوذهم مجبرون على البحث عن صلات سياسية وعلى دعم من الحركة الشيعية السياسية الأكبر في المنطقة لتعويض التمييز الذي يتعرضون إليه في وطنهم.

ومن هنا فقد بات الاختيار أمام الحكام السعوديين واضحًا تمام الوضوح: إما تمكين الشيعة في إطار النظام، أو مشاهدتهم وهم يكتسبون المزيد من السلطة والنفوذ من خلال التحالفات الخارجية. والتهديد الذي قد يترتب على هذا ليس مجرد تهديد نظري، ذلك أن حدود المملكة مليئة بالثغرات. حتى الآن لم يُظهر الملك عبد الله أي إشارة تدل على اختياره لسياسة الإدماج، بل ولم يقم بمجرد لفتة رمزية، كتعيين وزير شيعي على سبيل المثال. فضلاً عن ذلك فإن الملك عبد الله عاجز حتى عن منع القنوات الفضائية التلفزيونية من التنديد بالشيعة "**الزنادقة**"، أو منع المئات من المواقع الوهابية على شبكة الإنترنت التي تنادي بالقضاء المبرم على الشيعة.

إن السعوديين غير الوهابيين — وفي مقدمتهم الشيعة — ما زالوا يقاومون العقيدة الوهابية. صحيح أنهم حتى الآن — وذلك بسبب خوفهم المتأصل تاريخيًا من القمع — لم يشكلوا حركات مقاومة كبيرة أو تعمل بشكل صريح. ويرجع تاريخ الاضطرابات الشيعية إلى بداية تأسيس المملكة في عام 1932، أما المواجهات العنيفة الدامية مع الدولة السعودية فقد بدأت مع مولد الثورة الإسلامية في إيران المجاورة.

### الخميني مقابل الوهابية

أدت الثورة الإيرانية إلى اندلاع الانتفاضة الشيعية في المنطقة الشرقية من المملكة في نوفمبر (تشرين الثاني) 1979، حيث نَظَّم أهل الطائفة الشيعية الذين يعانون من التهميش اقتصادياً وسياسياً انتفاضة غير مسبوقة في مدن القطيف وسيهات وصفوى والعوامية. وطالَب عشرات الآلاف من الرجال والنساء بوقف سياسة التمييز ضد الشيعة. ورغم نجاح قوات الأمن السعودية وقوات الحرس الوطني وقوات مشاة البحرية في سحق التمرد، إلا أن التوترات الداخلية التي أدت إليه ظلت قائمة.

ولقد تحدى آية الله الخميني احتكار آل سعود الإيديولوجي للحرمين المكي والمدني وفرضهم لسيطرتهم عليه. كما تحدَّى الخميني مفهوم الملكية في الإسلام حين أعلن أن "أصحاب السلطة ليسوا الملوك بل علماء الدين". وكانت المؤسسة الدينية السعودية منذ أمد بعيد على أهبة الاستعداد للتصدي لهذا الكيان المنافس الذي يهددها. ولقد حَذَّر سفر الحوالي، وهو رجل دين وهابي سعودي بارز، من المخاطر التي يفرضها "القوس الشيعي"، وذلك في أعقاب انتفاضة الشيعة في العراق في عام 1991.

ولكن منذ اندلاع الحرب في العراق في عام 2003، وتمكين الشيعة في مختلف أنحاء المنطقة، أصبح النظام السعودي في مواجهة طائفة شيعية ضخمة ومتوترة وطموحة

سياسياً في بلدان الخليج المجاورة، وخاصة في الكويت والبحرين، وأيضاً في لبنان. إن المظاهرات التي شهدتها المدينة المنورة تؤكد أن الشيعة السعوديين أيضاً اكتسبوا قدرًا كبيرًا من الجرأة. بل لقد أقدموا على تشكيل حركة معارضة أطلقوا عليها اسم: "**خلاص**" تسعى إلى تعبئة الجيل الجديد من الشيعة في المنطقة الشرقية من المملكة. وعلى ضوء التناقضات الإقليمية والسياسية المتنامية فإن المواجهات كتلك التي وقعت في الحرم النبوي الشريف قد تتزايد في الوتيرة والحجم والعنف.([9])

---

([9]) انتفاضة المهمشين على قبضة الوهابيين – مي يماني – ترجمة: صفية مسعود – 3 / 4 / 2009 – موقع مجلة قنطرة – الرابط:

http://ar.qantara.de/content/lshy-fy-lswdy-ntfd-lmhmshyn-l-qbd-lwhbyyn

● الباحثة مي يماني ابنة وزير البترول السعودي الأسبق زكي يماني، وتعمل حالياً أستاذة زائرة في معهد كارنيغي لدراسات الشرق الأوسط في بيروت.

## لا ولاءات سياسيّة خارجية جديّة

رقم البرقية: riyadh331206 تاريخ البرقية: 2 أيار 2006
الموضوع: شيعة السعودية: لمن يكنّون الولاء؟ مصنف من:
القنصل جون كينكانون ملخص (...) استنتاجاتنا، التي ترتكز على
نقاشات أجريناها مع طيف واسع من مصادرنا من شيعة السعودية
خلال الأشهر الثمانية الماضية، هي أن معظم السعوديين الشيعة
يظلون ملتزمين بالاتفاق الذي توصلت إليه القيادة الشيعية
السعودية والملك فهد في 1994/1993، والذي وافق القادة
الشيعة من خلاله على متابعة أهدافهم من داخل النظام السياسي
للمملكة، في مقابل وعد بتحسين أوضاعهم قطعه الملك عليهم.
يحتفظ الشيعة السعوديون بعلاقات دينية عميقة مع العراق
وإيران، ويستلهمون من الحرية الدينية والسلطة السياسية
المكتشفة حديثاً من الشيعة العراقيين. ولديهم أيضاً تاريخ طويل
من الملاحقة من آل سعود، ويواجهون تمييزاً في المعاملة (مرجع
ب).

رغم ذلك، لا يزال زعماؤهم ملتزمين بالعمل للإصلاح من
الداخل، استراتيجية تثمر ببطء بفضل الملك عبد الله. بنظرنا،
سيتطلب دفع الشيعة السعوديين إلى المواجهة مع الرياض حافزاً

كبيراً داخلياً أو خارجياً. حافز مثل ذلك ، قد يتضمن تحولاً كبيرًا في استراتيجية الحكومة أو القيادة السعودية ، انتشار عنف مذهبي غير محدود في المملكة ، أو تغيُّرًا كبيراً في التسويات الأمنية الإقليمية ، وخصوصًا صراعًا إقليميًا متزايدًا يشارك فيه شيعة (مرجع س ).

في غياب تلك الظروف ، الأكثرية الواسعة من الشيعة السعوديين ليست مرشحة لإظهار ولاءات سياسية خارجية خطيرة ، إن كان لإيران أو لأي نظرية غير مكتملة لـ "**الهلال الشيعي**". انتهى الملخص. خيار تكتيكي: المطالبة بالحقوق من الداخل (...) للدولة السعودية الوهابية سجلّ طويل من الاضطهاد الوحشي تجاه الشيعة السعوديين ، وللشيعة المقيمين في أماكن أخرى من المنطقة ، على حد سواء. خلال الغارات العسكرية على الدولتين السعوديتين الأولى والثانية في القرنين الثامن عشر والتاسع عشر ، كان الشيعة هدفًا معتادًا للعنف الوهابي السعودي ، ولا سيما من خلال هجمات شاملة على المدن الشيعية الكبيرة جنوبي العراق ، ومن خلال انتهاكات للأماكن المقدسة هناك. حين انتزع الملك عبد العزيز ، مؤسس السعودية الحديثة ، ما يعرف اليوم بالمنطقة الشرقية ، نفّذ جيشه من الإخوان الأصوليين حملة قاتلة ضد الشيعة. جاءت نقطة التحول في ذلك التاريخ المضطرب في عام 1979 ، حين احتل آلاف الشيعة

الغاضبين من الحكومة ، الملهمين من الثورة الإيرانية والمنظَّمين من مجموعة من القادة الشباب أشهرهم حسن الصفار ، شوارع القطيف في تظاهرة سحقتها حكومة السعودية مخلّفة عدداً من القتلى بين المتظاهرين ومعتقلة العديد من الناشطين.

مئات الشيعة ، بمن فيهم الصفار ، ذهبوا إلى المنفى ، في البدء إيران ، ثم غادروا إيران نحو سوريا ، لبنان ، بريطانيا ، الولايات المتحدة ، وبلدان غربية أخرى. عاد الصفار والعديد من حلفائه السياسيين إلى السعودية في منتصف التسعينيات ، بعد التوصل إلى اتفاق مع الملك فهد في 1993 – 1994. وافق الملك على السماح للمنفيين بالعودة ، إطلاق سراح الشيعة المعتقلين في المملكة ، واتخاذ خطوات من شأنها تحسين وضع الشيعة ؛ من ناحيتهم ، وافق العائدون الشيعة على قطع نشاطاتهم المناوئة ومتابعة أهدافهم من ضمن النظام السعودي.

## لماذا عاد المنفيون الشيعة ؟

بحسب أحد العائدين ، محمد المحفوظ ، الذي يتولى الآن رئاسة تحرير مجلة حول الشؤون الإسلامية ، "سببان رئيسيان كانا وراء ذلك. أولاً، أدركنا أننا، بصفتنا أقلية في السعودية، ليس بمقدورنا أن نأمل تغيير النظام عبر الثورة، كما اعتقدنا أن بوسعنا أن نفعل عام 1979. ثانيًا، شعرنا بأننا نفقد الاتصال بجماعاتنا هنا، ولم نكن فعّالين في مساعدتهم على التطور

ونحن في الخارج. لذلك قررنا أن نعود أدراجنا وأن نعمل **لتحصيل حقوقنا من الداخل**". استمعنا إلى آراء مشابهة من شيعة آخرين كانوا جزءاً من الحركة في المنفى. اتخذت مجموعة القادة المنفيين والمقيمين قراراً تكتيكياً مهماً في أواخر الثمانينيات ومطلع التسعينيات. بعد إدراكهم استحالة انتزاع التحكم بمصيرهم الشخصي من حكومة السعودية بالمناهضة والمواجهة، حوّلوا هدفهم إلى نيل حقوقهم المدنية بصفتهم مواطنين سعوديين، وتكتيكاتهم للدفع نحو الإصلاح من الداخل.

الحساب التكتيكي ذاته يظل قائماً اليوم. أكّد الناشطون الشيعة لنا باستمرار التزامهم الدائم في الضغط لنيل حقوقهم المدنية والإصلاح من داخل النظام؛ بتعبير أحد قادتهم **"نحاول استخدام أي مجال متاح"**. نحن نلمس دلائل كبيرة على أن الشيعة فعلاً يستفيدون من كل فرصة، وخصوصاً مع اعتلاء الملك عبد الله العرش، الذي يراه الشيعة متفهماً لطموحاتهم. (...) كذلك، يذهب الشيعة إلى أقصى حدود ما تسمح به حكومة السعودية في مجال المجتمع المدني (مرجع أ)، (...). يدفع الشيعة باتجاه زيادة الحرية الدينية وتقليص التمييز من خلال الجمعية الوطنية لحقوق الإنسان، ومن خلال الاحتكام المباشر لزعماء كبار في الحكومة السعودية، وإن يكن نجاحهم محدودًا في ذلك. بالإشارة إلى هذه النشاطات وإلى رؤيتهم لسعودية يتمتع

جميع المواطنين فيها بالحقوق المدنية ، يجادل بعض مصادرنا بأن الشيعة هم السعوديون الوطنيون والإصلاحيون الحقيقيون. دليل آخر على أن الشيعة ، على الأقل حتى الآن ، ملتزمون بالعمل من داخل النظام ، هو أن ذلك التكتيك يجذب زعماء الشيعة وناشطيهم من مختلف المشارب ، وأنهم ينشطون في بناء جسور مع عناصر إصلاحية أخرى في المجتمع السعودي. المنفيون العائدون هم أكثر الشيعة السعوديين نشاطاً سياسياً ، كانوا القوة الأساسية التي توسّطت لتوقيع اتفاق 1993 – 1994 مع الملك فهد ، وهم في صدارة معظم المبادرات المذكورة أعلاه. (ملاحظة: رغم أنهم لا يمثّلون كتلة سياسية واحدة ، يشار إليهم على أنهم "شيرازيون" لأن السواد الأعظم منهم ، خلال فترة نفيهم ، اتبعوا الراحل آية الله محمد الشيرازي ، الذي طالب بأن يؤدي رجال الدين دوراً سياسياً أكبر في المطالبة بحقوق الشيعة ، رغم معارضته لمبدأ ولاية الفقيه. نهاية الملاحظة ).

بعض الناشطين الشيعة الآخرين ، علمانيين ومتدينين ، اعتمدوا تكتيك الدفع نحو الإصلاح من الداخل ، رغم أنهم لا يتمتعون بالشبكات التنظيمية الواسعة التي يتمتع بها الشيرازيون. هؤلاء النشطاء يتألفون من يساريين قدماء ، مثل نجيب الخنيزي ، الذي يستضيف أحد المنتديات الثقافية الدائمة في القطيف ، ودعا زعيم حزب الله السعودي حسن النمر ، الذي شارك في الحوار

الوطني الأخير في أبها. الشيرازيون ، الخنيزي ، النمر وزعماء شيعة آخرون يبذلون أيضاً جهوداً للتواصل مع إصلاحيين مدنيين ومتدينين من المجتمع السني ، فيتبادلون الزيارات وينشطون في منتديات ومجالس مشتركة ويبحثون عن وسائل للحوار.

**إيران: روابط دينية... لكن ولاءات سياسية قليلة:**

رغم أن ثمّة علاقات دينية وطيدة بين شيعة السعودية وإيران ، وأن القلق من احتمال تأثير إيران في المنطقة الشرقية هو قلق مشروع ، وخصوصاً العدائية المتصاعدة في الخطاب وفي السياسة الإيرانيين ، يبقى تقديرنا الأصح هو أن الشيعة ، في ظل الظروف السائدة ، لا يتطلعون نحو طهران للتوجيه السياسي. (...) نظراً لأهمية المنطقة الشرقية في الصناعة النفطية السعودية ، تحتفظ إيران باستراتجية منطقية لوضع الأساس لممارسة نفوذها. لديها أيضاً تاريخ في هذا المجال. الثورة الإيرانية ألهمت الشيعة السعوديين ليهبّوا في المعارضة عام 1979 ، وكان للإيرانيين دور في تنظيم حزب الله السعودي في الثمانينيات. معظم رجال الدين الشيعة السعوديين تلقوا علومهم في إيران ، وخصوصًا قم ، وكثير من الناشطين السياسيين الشيعة قضوا وقتاً في إيران في مطلع الثمانينيات وأواسطها.

مجموعة شيعية سعودية مقاتلة ، على الأقل ملهمة من إيران ، إذا لم تكن بقيادتها ، شنّت هجوماً على الثكنات العسكرية

في الخبر خلال صيف 1996. منذ عهد أقرب ، ادّعى عدد قليل من مصادرنا من الشيعة أن هناك شبكات مؤيدة لإيران نشطة في منطقة القطيف، وزعموا وجود مؤشرات أخرى للنشاط الإيراني ، رغم أن عدداً أكبر من مصادرنا الآخرين يشككون في هذه المزاعم. (ملاحظة: توحي تقارير حديثة حساسة من قنوات أخرى أيضًا باحتمال وجود علاقات شيعية مع مقاتلين شيعة في إيران ، العراق ، و/أو لبنان. أحد التقارير يشير إلى أن الميليشيات العراقية المرتبطة بإيران قد تكون بدأت جهوداً سرية لإرساء علاقات في المنطقة الشرقية، تقرير آخر يشير إلى زيارة قد يكون قام بها سعودي شيعي لزعيم شيعي لبناني طلبًا للدعم المالي. نهاية الملاحظة).

لكن السواد الأعظم من مصادرنا الشيعيين أعلموا المسؤولين القنصليين أنهم لا يلمسون دليلاً على جهود إيرانية مبذولة حالياً لبسط نفوذ سياسي في المنطقة الشرقية. مصادرنا ، التي تتضمن ناشطين في الجماعة وزعماء سياسيين وصحافيين ورجال أعمال وشخصيات ثقافية وأكاديميين وشيوخًا درس الكثيرون منهم في إيران ، مرتابة من الدوافع الإيرانية في ما يتعلق بالسعودية. لقد سمعنا مرارًا وتكرارًا التصريح الآتي بأشكال مختلفة: **"لقد استخدمتنا إيران في السابق، ولن نسمح بتكرار ذلك مجددًا. مصالحهم مختلفة عن مصالحنا تمامًا".** في الواقع ،

يبدو أن الشيرازيين المنفيين قد غادروا إيران في أواسط الثمانينيات لأنه أصبح من الواضح استغلالهم: أخبرتنا عدة مصادر، كل على حدة، أن المجموعة غادرت لأنها رفضت الضغط الإيراني لتنظيم عمليات تخريب ضد منشآت النفط السعودي أو تبنّيها. مراراً وتكراراً، شرح الشيوخ الشيعة أن الشيعة السعوديين يفضلون الدراسة في النجف أو كربلاء (...) كذلك، حذّروا من أن الشيعي الذي درس في حوزة في قم قد لا يشاطر بالضرورة رؤية سياسية ودينية مؤيدة لإيران (...) إن الدور والنشاط الحاليين لحزب الله يظلان علامة استفهام لم نتمكن سوى من تجميع معلومات محدودة فحسب حيالها.

بعض المصادر تزعم أن المجموعة لم تعد موجودة، إلا أن الدليل الغالب يوحي بأنها تضم مجموعة صغيرة من الشخصيات الدينية، التي تؤمن بمبدأ ولاية الفقيه، يتبعون زعيم إيران الأعلى آية الله علي خامنئي مرجعًا لهم، لكنْ لديهم أتباع قليلون جدًا حالياً. ونقلت مصادرنا أن زعماءه ليسوا ناشطين جدًا سياسيًا، لا يتلقّون تعليمات النظام الإيراني، ولا يتبنون العنف (على الأقل ليس حالياً، في الحالات الثلاث). بينما نتابع بحثنا عن معلومات إضافية حول حزب الله السعودي، تدعم معرفتنا المحدودة الآراء التي تعتنقها مصادرنا. لا نعلم بأي عنف ارتُكب ضد حكومة السعودية أو أميركا، وينسب لأي مجموعة سعودية شيعية منذ

تفجير أبراج الخبر عام 1996؛ على الأقل واحد من الزعماء المزعومين لـ **حزب الله** قد شارك في الحوار الوطني (للإيحاء بأن الحكومة السعودية لا ترى أن الحركة أو الشخص يمثلان خطراً كبيراً، وأنه يدعم مفهوم الحوار)؛ وقد سمعنا أن زعماء شيعة آخرين قد أقنعوا، مع مرور الوقت، زعماء حزب الله السعودي بأن العنف لن يساعد قضية الشيعة.

ليس بوسعنا استبعاد احتمال أن تجند إيران أو وكلاؤها بعض الخلايا من السعوديين الشيعة وتدربهم لينفذوا نشاطات تخريبية أو إرهابية، إلا أننا لا نستطيع أن نرى خلايا كهذه تنمو بوضوح بالنظر إلى الزعامة الشيعية الحالية واستراتيجيتها، إلا في حال وقوع تغيرات كبيرة في المشهد الإقليمي السياسي. تأثير العراق يتابع السعوديون الشيعة أحداث العراق باهتمام بالغ. في تباين مطلق مع السعوديين غير الشيعة، يؤيد معظم الشيعة تدخل الولايات المتحدة في العراق رغم النزاع والعنف الدائرين حالياً. شكر عدد من مصادرنا الشيعة بوضوح، مسؤولين قنصليين على دور الولايات المتحدة في تحرير إخوانهم في الدين في العراق من نظام صدام حسين الغاشم ومساعدتهم على نيل سلطة سياسية تتناسب مع عددهم (...). مدّت الحريات السياسية والدينية المتنامية للشيعة في العراق، الشيعة السعوديين بالقوة للضغط، أكثر مما تجرأوا على فعله سابقاً، ضد القيود التي تفرضها

الحكومة السعودية على الحرية الدينية والمجتمع المدني. (...). لكن، رغم أن السعوديين الشيعة يدركون حالياً أن الشيعة يمثّلون جزءاً مهماً من السكان الموجودين في الجهة العربية من الخليج، لم نلمس حتى الساعة أي إشارة إلى أن السعوديين الشيعة يملكون رؤية واقعية لكتلة شيعية سياسية عربية.

أيّ إنجاز لـ"**هلال شيعي**" من هذا النوع سيكون بقيادة الشيعة العراقيين، وفي هذه المرحلة، كما أشارت لنا عدة مصادر، التحديات المحلية تشغل كل اهتمامهم. (...) مستقبل الاستراتيجية الشيعية وسياسة الولايات المتحدة هل تصمد استراتيجية الشيعة في البحث عن تحقيق حقوقهم بما هم مواطنون سعوديون من خلال الالتزام مع الحكومة السعودية في عقد شراكة خلال الأعوام العديدة المقبلة؟ نعتقد أنها ستفعل، ما دامت الحكومة لا تتراجع عن الإصلاح عبر تغيير في الاستراتيجية أو في القيادة و/أو لا توجد ضغوط قهرية خارجية أو تأثيرات تبدِّل في حسابات مصالحها. رغم أن زعماء الشيعة قد عبّروا لنا تكرارًا عن إحباطهم نتيجة الإيقاع البطيء للإصلاح، وللتمييز المستمر تجاه الجماعة الشيعية، استثمروا كثيراً في استراتيجية الالتزام، وهي تثمر رويداً رويداً على شكل بعض التقديمات في مجالي الحرية الدينية (في القطيف على الأقل) والمجتمع المدني.

إذا حصل وتراجعت الحكومة السعودية، مثلاً عبر التشديد بصرامة على منظمات المجتمع المدني غير المرخصة أو إلغاء الجرعة المحدودة للحرية الدينية التي اكتسبها الشيعة أخيراً، أو إذا تبدّلت عناصر أخرى في التوازن الحالي، قد تتغير الحسابات الاستراتيجية للزعامة الشيعية أيضًا. وفيما لم نلمس أي إشارات إلى وجود زعماء شيعة شباب لا يتفقون مع أهداف الزعامة الحالية وتكتيكاتها، فإن زعماء كهؤلاء قد يظهرون إذا انتشر عنف مذهبي غير قابل للاحتواء من جانب السعودية بمبادرة من المتطرفين السنة، إذا تدهورت حالة التوظيف بالنسبة إلى الشباب الشيعة، إذا خلف آية الله السيستاني، بما هو مرجع لمعظم الشيعة، رجل دين أكثر راديكالية، أو إذا اندلع نزاع مع إيران. المحاججة الموجزة في الأعلى تبيّن أن الشيعة السعوديين يظلون ملتزمين بخيار استراتيجي للدفع باتجاه تحقيق حقوقهم بما هم مواطنون من داخل المنظومة السعودية، وأنهم، في ظل الظروف الحالية، لا يدينون بأي ولاءات سياسية خارجية جدية، لديها معانٍ متعددة مهمة لصانعي السياسات في الولايات المتحدة.

معظم السعوديين الشيعة يرون حاليًا أن مصالحهم تصطفّ مباشرة مع الولايات المتحدة، في بعض الجوانب الرئيسية المتعلقة خصوصاً بمصلحة الولايات المتحدة في تعزيز الحكم التشاركي وحقوق الإنسان في الشرق الأوسط بوصفه ترياقًا

للتطرف. هم يرحّبون بأي ضغط تمارسه الولايات المتحدة على الحكومة السعودية للإصلاح، رغم أنهم يتمنّون أن تزيد الولايات المتحدة هذا الضغط ويقلقون من أن تسبب المصالح الأخرى للولايات المتحدة، مثل الاستقرار الإقليمي وأمن إمدادات النفط، انسحاب الولايات المتحدة من الحث على خطوات أكبر باتجاه الإصلاح السياسي. المعنى الأهم الذي تتضمنه هذه المحاججة هو أنه من المستبعد أن تدعم الأكثرية الساحقة من السعوديين الشيعة تدخل إيران أو أحد وكلائها في السعودية، ما دام التوازن الحالي متماسكاً، وتحديداً الوعد بالإصلاح التدريجي. يجسد الملك عبد الله هذا الوعد بالإصلاح، وخصوصاً بالنسبة إلى الشيعة، ولسبب وجيه: لم تكن شخصية أقل من الأمير طلال بن عبد العزيز من قالت للسفير إن الملك عبد الله قد قرر أن يمنح السعوديين حرية دينية أكبر، في جزء من جهد يرمي إلى دمجهم في الحياة الوطنية السعودية.

من خلال دعم آلية الإصلاح، تؤدي الولايات المتحدة أيضًا دورًا مهمًا في عيون الشيعة، للحفاظ على التوازن الحالي. (تعليق: مثلما أشير في المرجع س، تستطيع حكومة الولايات المتحدة بالتأكيد أن تستخدم قلق الحكومة السعودية من تأثير إيراني محتمل وسيلةً لحث الحكومة السعودية على منح حقوق أكمل لمواطنيها من الشيعة. نهاية التعليق). المعنى الثاني،

والأكثر تكتيكية ، هو أن الشيعة السعوديين يمثّلون حاليًا حلفاء طبيعيين في جهود الولايات المتحدة لتعزيز الإصلاح السياسي وحقوق الإنسان في السعودية. (...) مصادق عليها: كينكانون ، غفويلر.([10])

---

([10]) لا ولاءات سياسيّة خارجية جديّة – جريدة الأخبار اللبنانية – 5 – ١١ ٢٠ – العدد ١٤١٨.

# السنّة والشيعة: اختلافات في العقيدة ونزاعات في السياسة

**Sabrina Mervin**

**السنّة والشيعة: عصرانيّة انقسام ألفيّ/**

1. **على الرغم من مبدأ التوحيد، الذي يمثّل ركنًا من أركان الإسلام العقائديّة، فقد افترق السنّة والشيعة تكرارًا منذ فجر الإسلام. لقد غذّت الخصامات السيّاسية، لاسيّما بين امبراطوريتي العثمانيّين والصفويّين، الجدالات العقائديّة حتّى أيّامنا هذه. محاولات التقريب والاتّهامات المتبادلة.**

"اللهُ أَحَدٌ": إنّها عقيدة التوحيد، مبدأ الإسلام الأساسيّ. ووفقـًا لمنطق معيّن، بما أنّ هناك إله واحد، فإنّ هناك دربًا واحدًا يقود إليه: إنّه السراط المستقيم، سراط الحق والإسلام، الذي يُعرَض عندها كسراط أوحد. والقرآن الكريم، من ناحية أخرى، يحثّ المؤمنين على عدم الانقسام إلى فِرَق.

تعني وحدانيّة الله ضمنيًّا وحدانيّة العقيدة ووحدة الأمّة، جماعة المؤمنين التي تجمع بين كلّ المسلمين. لكنّنا نتناول هنا صورة مثاليّة، إذ أنّ تاريخ التطوير العقائديّ، وكذلك تاريخ المجتمعات الإسلاميّة، يُبيِّن أنّ الإسلام ليس واحدًا، بل بصيغة الجمع، وأنّ المؤمنين لم يكونوا أبدًا كلّهم مُلتفّين كرجلٍ واحد حول مفهوم واحد للدين. يوضح حديثٌ بشكل جيّد هذه المثاليّة

التي يجري نقضها إذ يقول في جوهره، وفي صيغه العديدة، إنّ الأمّة الإسلاميّة ستنقسم إلى 73 فرقة، 72 منها ستذهب إلى النار في حين أنّ واحدة فقط ستنجو، وهي "**الجماعة**" بامتياز. بالطبع، إذا اعتبر الجميع نفسه من المفلحين، فلن يبقى سوى تحديد مَن تكون هذه "**الجماعة**"، أي من تشمل ومن تستبعد. لقد فسّر علماء الإسلام العبارة وفق مقاربتهم الخاصّة. فرأى فيها البعض، بِكلّ بساطة، الصالحين، أي أولئك الذين يتّبعون تعاليم الإسلام (الغزالي)؛ بينما عدّد آخرون فئات محدّدة (العلماء والمُفسّرين والفقهاء...)؛ وأشار البعض الآخر أيضًا إلى أهل السنّة والجماعة، ما يعني غالبيّة المسلمين. من الواضح أنّ هذا الحديث قد أثار نقاشات وجدالات بين مختلف فروع الإسلام.

إنّ تعريف الملل والنحل والجدالات في الحقبة الكلاسيكيّة بين علماء السنّة والشيعة لغنيّة بِالجدالات والمناقشات وتاريخُ الإسلام مطبوعٌ بِأحداث استُخدمت، ولا تزال، كمؤشّرات عن الخلاف بين الفريقتين. وتقطع هذا التاريخ صراعاتٌ سياسيّة، تُعبِّر عن نفسها أحيانًا بِأشكال طائفيّة ومذهبيّة تهدف إلى وصم "**الآخر**". ينطبق الشيء نفسه على التنافس بين الكتلتين التي شكّلتهما الإمبراطوريّتان العثمانيّة والفارسيّة اللتين، ومنذ نهاية القرن السادس عشر وبعد تحوّلات دينيّة حدثت لدى الطرفين، كانتا ذات أغلبيّة سنيّة، في الحالة الأولى، وذات أغلبية شيعيّة في الثانية. ومع ذلك، كان الشيعة في العموم أقليّة في العالم الإسلاميّ وكانوا لذلك موضع شبهة الضلال. وكان يُشار إليهم بِعبارات تحقيريّة مثل "**الرافضة**" (أولئك الذين يرفضون سلطة الخلفاء الثلاثة الأوائل) أو "**الباطنيّة**" (في إشارة

إلى غموض مذهبهم) . وكان هذا المصطلح الأخير يُطلق أيضًا على "الغُلاة" ( المُشتبهين بِتأليه عليّ)، الذين كانوا يُعتبرون خارج الإسلام ، في حين أنّ الشيعة الإثني عشريّة كانوا ، عامّةً ، يثيرون الانتقادات ، لكنّهم لم يكونوا مُستبعدين تمامًا من الجماعة. لم تكن الإدارة العثمانيّة ، من جهتها ، تعترف بخصوصيّتهم ، فكان الشيعة يُحسبون سنّة ، وكان عليهم أن يلجؤوا إلى المحاكم نفسها وأن يمتنعوا عن ممارسة شعائرهم ، أقلّه في العلن.

وأوّل من قام بمحاولة تقارب هو نادر شاه ، عند حصاره للبصرة عام 1743. فحين وجد نفسه في موقع قوّة ، ضمَّن بنود معاهدة السلام التي عرضها للتوقيع على العثمانيّين الاعترافَ بالفقه الجعفريّ (الشيعيّ). وقد رفض العثمانيّون الاقتراح في نهاية المطاف ، لكنّ المحاولة سمحت بتنظيم مؤتمر في النجف بين علماء شيعة وسنّة. لذلك فقد كانت مبادرة نادر شاه فقط بمثابة نصف فشل. وفي نهاية القرن التاسع عشر ، بدأ العثمانيّون بدورهم بالتقرّب من الشيعة. وجاءت المبادرة بدافع ظرفين: التهديدات الخارجيّة التي هزّت الإمبراطوريّة ، وانتشار الشيعيّة في العراق. وقاد السلطان عبد الحميد الثاني سياسةً إسلاميّة شموليّة لتعزيز مكانته كرائد لِلإسلام ، فصالح ، بِصفته خليفة ، الشيعة والسنّة ، وعقد ، بِصفته سلطانًا ، تحالفًا مع إيران. وتابع قادة تركيا الفتاة هذه السياسة ، ما سمح لهم بِتعبئة الشيعة ، الذين قاتلوا جنبًا إلى جنب مع الجيش التركيّ في الجهاد ضد البريطانيّين.

**مؤتمر في القدس**

كان للحركة الإسلاميّة الشاملة زعماءُ من رجال الثقافة والدين: من أشهرهم جمال الدين الأفغانيّ الأسبادي وكذلك

الكواكبيّ ومحمد عبده ورشيد رضا وغيرهم كثيرون ممّن رافقوا هذه السياسة وتابعوها. كانت الفكرة الأساسيّة ، فكرة جمال الدين ، بسيطة. فعدم قدرة المسلمين على الاتّحاد سرَّعت من انحطاط الإمبراطوريّتَين العظيمتين وسمحت بالغزوات الأوروبيّة. كان من الضروريّ لمّ جسم الأمّة المُمزَّق من أجل مواجهة الاحتلالات ، وإزالة الخلافات المذهبيّة والاتّحاد في العمل السياسي. فالاتّحاد كان علاج كلّ المصائب. ومع أنّ هذه الأفكار الطيّبة لم تؤخذ بعين الاعتبار في عملية تشكيل الدول الحديثة في الشرق الأوسط ، إلا أنّها لاقت بعض النجاح.

في عام 1931 عُقد مؤتمرٌ إسلاميّ في القدس جمع بين السنّة والشيعة. وأمّ أحد المشاركين الصلاة في المسجد الأقصى ، وهو رجل الدين العراقيّ محمد حسين الكاشف الغطاء ، الذي دعا في خطبته إلى الوحدة لمواجهة هجمات الغرب والدفاع عن فلسطين. تكرّرت نداءات مماثلة في الثلاثينات والأربعينات ، فضلاً عن حوار بين علماء شيعة ، مثل زنجاني ، وشيوخ الأزهر ، مثل الإمامين المراغي وشلتوت. وأسّس رجل دين إيرانيّ ، هو محمد تقي القمّي ، عام 1948 في القاهرة جمعيّةً لِتعزيز التقارب بين المذاهب الإسلاميّة (اسمها جماعة التقريب) ، بدعم من علماء الأزهر والسياسيّين المصريّين. وقد نشرت الجمعيّة مجلّة ، اسمها رسالة الإسلام ، حافظت فيها المناظرات بين السنّة والشيعة على لهجة ودّية ، وووصلت خاصّةً إلى أوجّها عندما أصدر الإمام محمود شلتوت ، شيخ الأزهر ، عام 1959 فتوى تعترف بالفقه الجعفريّ كمذهب خامس في الشريعة الإسلاميّة ، إلى جانب المذاهب السنيّة الأربعة. ومع أنّ الجمعيّة تأثّرت بقطع العلاقات بين مصر

وإيران ، بعد اعتراف طهران بإسرائيل عام 1960 ، وأوقفت في نهاية المطاف أعمالها في أواخر السبعينات ، إلا أنّها نجحت بالقيام بخطوة كبيرة في تاريخ التقريب.

مع ذلك ، كانت النوايا الحسنة في الاجتماعات وإعلانات المبادئ تحجب استياءً ناجمًا عن محدوديّة حركة التقريب وعن استحالة تحقيقه. فالتقارب الحقيقيّ كان من شأنه أن يؤدّي إمّا إلى اعتماد عقائد مشتركة (وهي مسألة لم تُطرح أبدًا فعليًّا) وإمّا إلى استيعاب جزء من قبل الآخر أي الأقليّة من قبل الأكثريّة. في الواقع ، تحتوي المناقشات التي جرت بين السنّة والشيعة منذ بداية القرن العشرين ، بالإضافة إلى النداء الثابت من أجل الوحدة ، سلسلةً طويلة من الاتّهامات ضدّ الشيعة من جانب السنّة ، تتبعها ردود شيعيّة اتّخذت موقف الدفاع عن العقيدة ولهجته. ولهذا الأمر تفسير مزدوج: الأوّل عقائديّ ، والآخر سياسيّ. فالشخصيّات السنيّة التي انبرت للنقاش كانت من أنصار السلفيّة ، لا بل مُتعاطفة مع الوهابيّين. وكانت تدعو إلى الإصلاح وإلى التوصّل إلى تفاهم بين المذاهب في إطار العودة إلى حقبة السلف ، أي الجدود الصالحين ، وهي حقبة رُفعت إلى مرتبة التقديس والتكريم. ومع ذلك ، كان للشيعة مفهومٌ آخر حول تاريخ هذه الفترة ، وجزء كبير من عقائدهم كان غير مقبول من جانب السلفيّين. لم يتمكّن الجانبان بالتالي من التفاهم واستمرّا ، حتّى اليوم ، في الجدال. ومع ذلك ، وبفضل السياسة الإسلاميّة الشموليّة التي اتّبعها العثمانيّون وسقوط الإمبراطوريّة بعدها ونشوء الدول الحديثة ، اكتسب الشيعة بشكلٍ متزايد وجهًا وحريّة. فقد نشروا تاريخهم ، واستطاعوا أن يمارسوا طقوسهم

وشعائرهم، ويؤسّسوا محاكم جعفريّة ويحاولوا أن يحتلّوا موقعًا في الدولة (في لبنان). أي إنّهم وجدوا أنفسهم داخل عمليّة تأكيد لهويّتهم، التي لم يكونوا على أيّ حال مستعدّين لإنكارها، وذلك في شبه منافسة مع السنّة (في العراق، على سبيل المثال). وكان شيعة المملكة العربيّة السعوديّة الأكثر عرضةً للإجحاف بفعل تأسيس الدولة الحديثة، الخاضعة للوهابيّة: ففي عام 1927 أصدر بعض العلماء فتوى تدعو الشيعة إلى الاهتداء للإسلام.

أخذ الجدل يميل نسبيًّا إلى الانحسار حتّى الثورة الإيرانيّة ونشوء الجمهوريّة الإسلاميّة في إيران عام 1979. في الواقع، كانت ردود الفعل الأولى من جانب الحركات الإسلاميّة السنّية إيجابيّة. فقد كان النداء الذي وجّهه الخميني لاحتضان الثورة الإسلاميّة موجّهًا إلى جميع المسلمين وكان المستهدفون من محاولات تصدير الثورة من الشيعة والسنّة على السواء. وكان خطابه الوحدويّ يستند، مرّة أخرى، إلى ضرورة التحالف الإسلاميّ ضدّ الغرب، وإلى مجموعة من العقائد المُشتركة. وأنشأ خامنئي من بعده، عام 1990، هيئة جديدة للتقارب، هو مجمع التقريب. ومع ذلك، فقد نُشرت منذ أوائل الثمانينات في مصر والأردنّ وبلدان أخرى كتابات ضدّ الشيعة وأفكار الخميني. كان قسم كبير من مؤلّفيها من المسلمين السوريّين السنّة المنفيّين، الذين كانوا يوجّهون أصابع الاتّهام إلى حليف النظام الذي كان يقمعهم، وهو نظام يُعرَّف بأنّه شيعيّ.

## نقاط الصدام

ظواهر تحوّل إلى الشيعة مرئيّة أكبر، عمليّات اندماج وطنيّ، موقف الشيعة القويّ: لقد كانت هذه، حتّى اليوم،

الأسباب المتكرّرة التي أثارت ردود الفعل من جانب السنّة. وقبل تفحّص تطوّرات الأزمة التي اندلعت بعد سقوط النظام البعثيّ في العراق عام 2003، دعونا نتوقّف عند مستوى النزاعات الذي يكشف، بغضّ النظر عن الظروف، عن استمراريّة ذات مغزى. فإذا جرت بعض المناقشات في إطار محاولة التقريب، فقد صيغ أيضًا العديد من الأطروحات والفتاوى لرفض التقريب، كما فعل بن باز، مفتي المملكة العربيّة السعوديّة منذ عام 1993 حتّى وفاته عام 1999.

تتمثّل مراجع الكتّاب السنّة قبل كلّ شيء بِأعمال المفكِّر النيو حنبليّ ابن تيميّة (توفّي عام 1328)، الذي كتب مجلّدًا، هو منهاج السنّة، ردًّا على مؤلِّف شيعيّ هو العلاّمة الحليّ، قام في كتابه المعروف بـ "**منهاج الكرامة في معرفة الإمامة**" بِإطراء الشيعيّة. أصدر ابن تيميّة فتاوى تحتوي على بعض النقاط، التي سيتمّ فيما بعد تبنّيها، ضدّ أولئك الذين عرّفهم بالباطنيّة واتّهمهم بالكفر والشرك. ووجّه محمد بن عبد الوهّاب، مؤسّس الوهابيّة، نفس الاتّهامات.

تستند هذه الكتابات الجدليّة إلى حدٍّ كبير إلى الاتّهامات التي شنّها السنّة ضدّ الشيعة وعقائدهم؛ لن ندخل في صدد التفاصيل، وهي كثيرة، بل سوف نستعرض فقط الخطوط العامة.

الاتّهام الأوّل يمسّ المبدأ الأساسيّ في الإسلام، حيث يُلام الشيعة على عدم احترامهم لعقيدة التوحيد، كونهم "**مُشركين**" بالله الأئمّة وغيرهم من "**أهل البيت**"، الذين يكرّمونهم. والمكانة الخاصّة التي يولونها لعليّ يحكم بتسميتهم بِالغُلاة.

وفق خصومهم، وخلافًا لِما يؤكِّدونه، لا يقبل الشيعة بالقرآن، إذ يشتبهون في تعرّضه للتحريف. ليس ذلك فحسب، بل هم أضافوا آيتَين إلى النصّ الأصليّ: فهم إذًا من يحرّف. كما أنّهم لا يعترفون بِنفس كتب الأحاديث التي عند السنّة، وقد شكّلوا كتبًا خاصّة بهم.

تقود عقيدة الإماميّة (المُنكَرة) الشيعة إلى رفض شرعيّة الخلفاء الثلاثة الأوائل. فهم لا يعترفون بسلطة صحابة محمّد، الذين يشتمونهم (سبّ الصحابة)، ولهم صورة سلبيّة عن عائشة وغيرها من أمّهات المؤمنين. وبوجه عامّ، لديهم مفهوم خاطئ حول السلف، وينتظرون المهدي.

لقد أدخلوا بِدَعًا، كعقيدة الشفاعة وزيارة أضرحة الأئمة والأولياء، والبعض منها مكرّمٌ أكثر من كعبة مكّة نفسها. ويشمل إحياؤهم كلَّ سنة لاستشهاد الحسين كثير من الطقوس التي تُعتبر بدعًا، بالإضافة إلى أنّ الشيعة يُعبِّرون فيها عن كراهيّتهم للسنّة. يختلف فقههم حول العديد من النقاط المتعلّقة بالعبادات وهو يسمح بزواج المتعة، الذي يستخدمونه كوسيلة لتشجيع اعتناق مذهبهم (وهي مسألة كُتبت عنها ألوف الكتب). ويمارسون التقيّة، وبالتالي يكذبون دومًا بخصوص معتقدهم الحقيقيّ، ويزرعون الفتنة.

والاتهامات مُتبادلة. يضاف إليها العديد من الأفكار المعلّبة والأحكام المُسبقة، التي تختلط بنظريّات المؤامرة وتنميقات أُخرى. وتأخذ النزاعات طابعًا عنيفًا خاصّة بين الشيعة والوهابيّين. لقد قدّمنا عنها عرضًا نموذجيًا، في ما يتعلّق بالمواضيع الأكثر إثارةً للجدل. على أيّ حال، من الواضح أنّ العديد من هذه

المواضيع تكمن في أُسُس التشيّع نفسها ، وبالتالي لا يمكن التخلّي عنها أو وضعها موضع نقاش.

**"الهلال الشيعي"**

بدأ الحديث يدور في منتصف السبعينات عن يقظة الشيعة في لبنان ، تحت تأثير الإمام موسى الصدر. وأثار نشوء الجمهوريّة الإسلاميّة في إيران في ما بعد صدمة. فقد أصبح للخطاب الدينيّ السياسيّ الشيعيّ صدًى أوسع وأثرًا ما على الحركات الإسلاميّة. مع ذلك ، لم يتمكّن من الحصول على ذلك القبول بتصدير الثورة الذي كانت تهدف إليه السياسة الإيرانيّة: فمن ناحية ، ابتعدت عنه الحركات السنيّة بسرعة ؛ ومن ناحية أخرى ، كان للحركات الشيعيّة نفسها ، التي سبقت كثيرًا الثورة الإيرانيّة ، جدول أعمالها الخاصّ وكانت تتحفّظ على محاولات الهيمنة الإيرانيّة — ناهيك عن الأوساط الدينيّة المحتشدة وراء رفض التسييس الذي كان يقوده المرجع الخوئي. بالإضافة إلى ذلك ، وبعد وفاة الخميني عام 1989 ، ضعفت شعلة الثورة.

لكنّ سقوط النظام البعثيّ في العراق في نيسان/ أبريل 2003 ، ووصول الشيعة إلى السلطة في سياق الاحتلال الذي قامت به الولايات المتّحدة غيّر مسار الأمور. فقد اكتسبت إيران سلطة في المنطقة ، لا سيّما في الخليج ، وحقّق حزب الله اللبنانيّ في عام 2006 نصرًا سياسيًّا وعسكريًّا واضحًا على إسرائيل ، ما زاد من هيبته في العالم الإسلاميّ. وثبّت الشيعة أوضاعهم من البحر المتوسط حتّى باكستان. واكتسب زعيما الشيعيّة السياسيّة ، نصر الله وأحمدي نجاد ، شعبيّةً إذ فرضا نفسيهما كحاملين لراية العالم الإسلاميّ في مواجهة إسرائيل والولايات المتّحدة ، في مناخ يشبه

العودة إلى وهم الثورة العزيز على قلب السبعينات. وفي بعض المظاهرات رأينا صورًا لِنصر الله جنبًا إلى جنب مع صور تشي غيفارا أو هوغو تشافيز.

في كانون الأوّل/ ديسمبر 2004، في مقابلة مع **جريدة واشنطن بوست**، شكا الملك عبد الله عاهل الأردنّ من وجود "**هلال شيعي**": أكثر من استناده إلى واقع ملموس، أظهر التعبير الخوف من نشوء "**شيعستان**"، أو كيان قد تمتدّ من البحر المتوسّط إلى نهر الغانج، تجتاز مناطق استراتيجيّة اقتصاديًّا وسياسيًّا، تدين بالولاء لإيران في كلّ شيء. كان الرئيس المصريّ حسني مبارك أيضًا قلقًا من تنامي نفوذ الشيعة، المُشتبه بهم دومًا بأنّهم طابور خامس إيرانيّ. خلال نفس الفترة قطع المغرب علاقاته الدبلوماسيّة مع إيران، متّهمًا إيّاها بِنشر التشيّع في المغرب. أمّا في الأردنّ فقد حوكم ستّة من الشيعة أمام المحكمة العسكريّة بسبب نشرهم الأفكار الشيعيّة. وفي أفغانستان، أُلقيَ بعض المؤلّفات الشيعيّة في الأنهار. وفي المملكة العربيّة السعوديّة والبحرين، أُلقي القبض على بعض الشيعة، أمّا في لبنان، في أيار/ مايو 2008، فقد وقعت اشتباكات بين الشيعة والسنّة. وأخيرًا وفوق كلّ شيء، استمرّ العنف ما بين الطائفتين في العراق وباكستان.

في غضون ذلك، توالت النداءات ضدّ "**عودة الفتنة**"، التي من شأنها أن تسقط في فخّ أعداء الإسلام، وتضاعفت المبادرات من أجل محاولة تهدئة الأمور والسيطرة على الوضع. ففي عام 2004، مثّلت رسالة عمّان خطوةً نحو التسامح، لأنّها

أكّدت من جديد على صلاحيّة ثماني مذاهب (للسنّة والشيعة والإباضيّة) وحظّرت التكفير.

المسألة سياسيّة في المقام الأوّل. فالتوتّرات ترتبط بتصاعد قوّة إيران وادّعائها لمحوريّةٍ بالنسبة لعوالم الشيعة، وهي ظواهر تقلق الأنظمة السنيّة، بدءًا من المملكة العربيّة السعوديّة، أكبر منافس لها في المنطقة. أمّا الجانب الديني فيخضع للاستغلال. لذا فمن الضروريّ تفكيك الخطابات وتحليل كلّ حالة على حدة، بوضعها في إطارها التاريخيّ والاجتماعيّ المحلّي وفصل السياسة عن الدين، أو بالأحرى، تحليل تفصيل كلٍّ منهما. لقد أحرز الشيعة منذ عام 2003 انتصارات سياسيّة عديدة، وأصبح لديهم اليوم وزنٌ أكبر على المسرح الإقليميّ. بالإضافة إلى ذلك، وعلى الرغم من أنّ ظاهرة التحوّل إلى الشيعة ظلّت في حدّها الأدنى، تعرف الشيعيّة بعض النجاح، ويرجع ذلك جزئيًّا إلى الجهود الإيرانيّة لِنشر ثقافة دينيّة شيعيّة عقلانيّة ومنفتحة في الوقت نفسه على الروحانيّة. إنّها في تنافس مع الرؤية السلفيّة للإسلام، والتي توسّعت بدورها على الأرض.

منذ أوائل عام 2011، تجتاز العالم العربيّ اضطرابات غير مسبوقة، تنبع من الشعوب. ليس محرّكها بالتالي هو الإسلام، المُشهَر كإيديولوجيا و"**حلّ**". فالمطالب تتجاوز الانقسامات الطائفيّة بكثير، وإن كان من المحتمل أن تجعلها تعود إلى الظهور، كما هو الحال في البحرين أو المملكة العربيّة السعوديّة. ومع ذلك، فمن الواضح أنّ مطالب الشيعة (سواء كانوا أغلبيّة أو أقليّة) في هذين البلدين، إذا ما كرّروا محاولات الاعتراف بحقوق

الجماعات المحليّة ، تردّد صدى الشعارات المُشتركة لِجميع هذه الحركات.([11])

([11]) السنّة والشيعة: اختلافات في العقيدة ونزاعات في السياسة – 1/ 7/ 2011 – سابرينا ميرفن – موقع مؤسسة الواحة (البندقية) – الرابط:

http://www.oasiscenter.eu/ar/%D8%A7%D9%84%D9%85%D9%82%D8%A7%D9%84%D8%A7%D8%AA/2011/07/01/%D8%A7%D9%84%D8%B3%D9%86%D9%91%D8%A9-%D9%88%D8%A7%D9%84%D8%B4%D9%8A%D8%B9%D8%A9-%D8%A7%D8%AE%D8%AA%D9%84%D8%A7%D9%81%D8%A7%D8%AA-%D9%81%D9%8A-%D8%A7%D9%84%D8%B9%D9%82%D9%8A%D8%AF%D8%A9-%D9%88%D9%86%D8%B2%D8%A7%D8%B9%D8%A7%D8%AA-%D9%81%D9%8A-%D8%A7%D9%84%D8%B3%D9%8A%D8%A7%D8%B3%D8%A9

### السعودية.. مثقفو الشيعة والبيان الفضيحة

أصدر بعض من مثقفي الشيعة السعوديين بيانًا يرفضون فيه إعلان السلطات السعودية إلقاء القبض على خلية تجسس مكونة من 18 شخصاً، منهم 16 سعودياً من أبناء الطائفة الشيعية متهمون بالتخابر مع إيران، علمًا بأن الرياض لم تتحدث عن طائفة، كما لم تسمِّ إيران رسمياً.

وأقل ما يمكن قوله عن بيان المثقفين الشيعة هذا أنه فضيحة، وورطة، خصوصاً أن الموقعين على البيان يتهمون بلادهم باللعب على ورقة الطائفية، ومحاولة التهرب من استحقاقات الإصلاح الداخلي بعملية تحاشد واضحة مع بيانات الرموز الإخوانية في السعودية. وهذا خطأ فادح، فلو كلف موقعو البيان أنفسهم وتأملوا ما تفعله الاستخبارات الإيرانية بإيران نفسها، لما وقعوا في هذا الخطأ، وأصدروا هذا البيان الفضيحة الذي لا يدينهم داخل السعودية وحسب، بل وفي إيران نفسها. فقد كان من الأجدى أن ينتظر الموقعون المزيد من نتائج التحقيقات، لا سيما أن القصة ليست قصة طائفية بهذه السذاجة؛ فقد سبق لإيران أن استغلت بعضًا من السنة السعوديين المنتمين لـ"القاعدة" ضد بلدهم السعودية.

إيرانياً ، سبق لأحمدي نجاد أن أقال رئيس الاستخبارات حيدر مصلحي في 2011 متهماً إياه بقمع رجاله ، وذلك أثناء الخلافات السياسية بين نجاد والحرس الثوري والمرشد ، الذي تدخَّل مخيِّراً نجاد بين إعادة مصلحي أو الاستقالة ، واعتكف حينها نجاد لمدة أسبوع في منزله ، ثم أجبر على التراجع وقبول إعادة مصلحي لرئاسة الاستخبارات! ومصلحي هذا ، المدعوم بقوة من خامنئي ، حيث كان ممثله لدى "**الباسيج**" ، سبق أن قال في 2012: "**لن نسمح مطلقاً لمثيري الفتنة والمناوئين للثورة بتكرار فتنة عام 2009**" ، أي الثورة الخضراء. وهدد مصلحي رفسنجاني نفسه!

وهذا يقول لنا إن الاستخبارات الإيرانية ، أو السافاك ، المؤسس من قبل الاستخبارات الأميركية (سي آي إيه) إبان فترة الشاه ، لا تقوم بالتجسس الخارجي وحسب ، بل هي إحدى أهم أدوات قمع الإيرانيين المطالبين بالإصلاح داخل إيران نفسها ، فكيف يمكن بعد كل ذلك التسرع في الدفاع عن متهمين بالتجسس لطهران ، واتهام السلطات السعودية باللعب على ورقة الطائفية ، بينما الاستخبارات الإيرانية نفسها تقمع أبناء جلدتها وطائفتها ، وبمساعدة إيرانيين موالين لنظام الملالي ، خصوصاً أننا لا نتحدث هنا عن خلايا تجسسية في البحرين والكويت واليمن

وليبيا وباكستان ونيجيريا وأذربيجان ، بل في الداخل الإيراني نفسه ؟

فإذا كان موقعو البيان يفعلون ذلك نصرة للطائفة فهذا يدينهم ؛ لأن جزءاً كبيراً من الإيرانيين يعانون من النظام الخميني القمعي ، وإذا كان الموقعون يريدون استغلال الظروف الإقليمية لاستثارة المجتمع الدولي ضد بلدهم السعودية ، وكما حدث في البحرين ، فهذا خطأ أيضا لأنهم لم يتنبهوا إلى أن واشنطن تعتبر الاستخبارات الإيرانية من أبرز التهديدات عليها ، وعلى المنطقة ، وهناك تقرير أميركي يشير إلى أن لدى الاستخبارات الإيرانية قرابة 30 ألف جاسوس في المنطقة.

ولذا فإن بيان المثقفين الشيعة يعد تهورا وفضيحة ، ومزايدة سياسية بدافع طائفي لا تبرئ المتهمين بقدر ما تسيء للعقلاء من الشيعة.([12])

---

([12]) السعودية.. مثقفو الشيعة والبيان الفضيحة – جريدة الشرق الأوسط اللندنية - مقال - طارق الحميد - 24 /3/ 2013 - العدد 12535.

## توفيق السيف: شيعة العراق ليسوا بيد إيران ورؤية السعودية خاطئة

### دبي، الإمارات العربية المتحدة (CNN)

قال الباحث السياسي السعودي، توفيق السيف، إن موضوع الصراع الطائفي والنفوذ الإيراني الواسع في العراق يلعبان دوراً كبيراً في تكوين صورة العلاقة بين العراق والسعودية، مضيفاً أن الرياض لا تمتلك استراتيجية واضحة للتعامل مع بغداد، واعتبر أن قلق السعودية من إمكان حصول تأثير على الشيعة بالمملكة "له ما يبرره".

وقال السيف، وهو أكاديمي وكاتب سياسي، في حديث لCNN بالعربية حول المحور المخصص لعلاقات السعودية والعراق ضمن ملفات "حدث غداً": **"الموضوع الطائفي والنفوذ الإيراني يلعبان بالطبع دوراً كبيراً في تكوين أساسيات صورة العلاقة بين العراق والسعودية، ولكن غياب استراتيجية واضحة للتعامل مع العراق في مرحلة ما بعد عام 1991 يمثل جزءًا من المشكلة".**

وتابع السيف بالقول إن المملكة كانت ترتبط بعلاقات أقرب إلى التحالف مع نظام صدام حسين حتى قام الأخير بغزو الكويت، ولكن مواقفها بعد ذلك كانت غير ثابته: "فتراوحت بين دعم المعارضة العراقية، وصولا إلى تمويل أحد مؤتمراتها في بيروت وبين عدم التعامل معها بدعوى أنها مدعومة من أمريكا وأطراف أخرى".

وأضاف المحلل السياسي السعودي: "ما زال الجدل قائمًا، حتى اليوم ليس لدينا استراتيجية واضحة، فلا نعرف هل علينا محاربة العراقيين أم التصالح معهم أم محاورتهم أم مقاطعتهم، وهذا الواقع هو من بين أسباب الفتور في علاقة السعودية مع أمريكا".

ورأى السيف أن المسؤولين السعوديين يعتبرون أن إيران "أمسكت بالقرار العراقي" وأن من يحكم العراق "هم صنائع إيران" مضيفًا: "وهذه رؤية غير سليمة لأن الأكراد والسنة وبعض الشيعة ليسوا بيد إيران واعتبار أن العراق برمته في أيد إيرانية تصوُّر غير دقيق، ولكنه نابع من فقدان الاستراتيجية".

وعن المطالب التي قد يحملها كل طرف للآخر قال السيف: "أهم مطلب سعودي هو تأمين الحدود، لدينا حدود بطول 800 كلم وهي مفتوحة على التهريب والمشاكل وبحاجة لاتفاقية تكون كفيلة على الأقل بالتصدي لتسلل الإرهابيين، أما

بالنسبة لقطاع الأعمال فقد سبق أن نوقشت فرص الأعمال الممكنة في العراق بالنسبة للشركات السعودية، وهي بمليارات الدولارات، ولكن غياب السفارة يعرقل ذلك".

وأضاف: "أما الجانب العراقي فهو يشكو مما يعتبره تهييجًا للقاعدة وسواها من الجماعات من أجل قتال السلطات العراقية، والعراقيون يعتقدون أن جهات داخلية في السعودية تقوم بهذا الأمر، هناك أيضًا مشاكل الحدود نفسها التي يعاني السعوديون منها وحلها سيترك أثرًا إيجابيًا، فهناك تيار شعبي واسع في العراق يرى أن من مصلحته وجود علاقات جيدة مع السعودية لموازنة الدور الإيراني".

وقلل السيف من أهمية التنافس المرتقب بين السعودية من جهة وإيران والعراق من جهة أخرى حول قيادة السوق النفطية قائلاً إن المملكة ستبقى في المدى المنظور "صانعة السوق" بسبب إنتاجها الضخم وقدراتها المرنة، بعكس العراق وإيران حيث ما يزال الإنتاج محدودًا وسط استهلاك داخلي كبير.

وعن التأثيرات الطائفية المتبادلة بين العراق والسعودية، قال السيف: "هناك تعاطف مع السعودية بين السنة العرب في العراق، ولكن هذا التعاطف لم يتحول إلى شيء أكثر على الصعيد العملي وأتمنى أن تزيد السعودية من علاقاتها مع العرب السنة، لأن هذا سيصب في مصلحة جميع العراقيين،

بمن فيهم الشيعة، فوجود حليف قوي إلى جانب العراق، مثل السعودية، سيسمح بالتصدي لإمكانية تكرار مغامرات صدام".

أما لجهة قلق الجانب السعودي من تدخلات عراقية لدى الأقلية الشيعية بالمملكة قال: "مثل هذه الخشية موجودة ومبررة واستغرب إن لم تكن كذلك لأن هناك عوامل تبررها، فالعامل الديني يساهم بوضوح في صنع المشهد السياسي بالمنطقة، كما هو الحال في سوريا التي بدأت فيها الأحداث كثورة شعبية ثم تحولت إلى حرب مذهبية".

وعن الخليفة التاريخية المتعلقة بالحدود على ضوء معاهدة العقير لعام 1922 بين البلدين، قال السيف: "الواقع أن هجوم الإخوان على النجف كان في سياق تمرد على الملك عبد العزيز وكان الغزو يهدف إلى جمع الغنائم لأنها كانت المصدر الأساسي للدخل قبل ظهور البترول".

وتابع السيف بالقول: "قد استعمل الإخوان للأسف الشعار الديني لتبرير الهجوم على النجف ومناطق عراقية، باعتبار أن سكانها من الروافض ويجب مهاجمتهم، وحقيقة الأمر أن جيش الإخوان كان مهتماً بالمكاسب، وقد تعاملت السلطة مع تحركاتهم على أنها تمرد مع أنها استخدمت حماستهم من أجل توحيد المملكة، وبالتالي فإن تحرك الإخوان يمكن فهمه في إطار الاقتصاد السياسي".

وحول ما تردده مصادر تاريخية عن مطالبات كل دولة خلال مفاوضات معاهدة العقير قال السيف: "أنا أعرف أن الملك عبد العزيز كان يعتبر أن قبائل شمر التي تقطن الموصل المجاورة للحدود مع سوريا شمال العراق، وكذلك قبيلة عنيزة في سوريا، هي امتداد للقبائل الموجودة في نجد، وكذلك كان هناك عائلات من أصول نجدية تقطن الزبير في العراق وقد طالب بالسيادة عليها، وطبيعي خلال المفاوضات أن يكون لكل طرف مطالب متشددة في البداية".([13])

---

([13]) توفيق السيف: شيعة العراق ليسوا بيد إيران ورؤية السعودية خاطئة – موقع سي إن إن آرابيك – 11 /2/ 2014 – الرابط:

http://arabic.cnn.com/middleeast/2014/01/13/saudi-iraq-seif

## حروب الشرق الأوسط تحت عباءة الطائفية

كتب فريدريك هرى تقريرًا على الموقع الإلكترونى إشيا تايمز ، يتحدث فيه عن التوترات الطائفية التى أصبحت جزءًا رئيسيًا من الحياة السياسية فى دول الخليج العربى ، وخاصة فى المملكة العربية السعودية والبحرين والكويت. ويعانى الشيعة فى كل ولاية من التمييز الدينى والتهميش السياسى بدرجات متفاوتة. وعادة ما يتم تصوير التوترات كأثر لامتداد الصراع الطائفى فى أماكن أخرى فى المنطقة (حرب العراق ، ومؤخرا الصراع فى سوريا) أو التحريض الإيرانى المتعمد للمجتمعات المحلية الشيعية فى الخليج. لكن ذلك ما هو إلا جزء بسيط من القصة. حيث إن جذور التوتر بين الشيعة والسنة فى الخليج ، هى أكثر تعقيدًا وتعتبر فى نهاية المطاف محلية. والموجودة بشكل عميق فى النسيج السياسى للدول الفردية. هذا الأمر حقيقى فى جميع المجالات تقريباً: البيروقراطيات الحكومية والقطاع الأمنى ، سوق العمل ، المؤسسات الدينية ، والنظام القانونى ، وتنمية المحافظات.

*****

وأشار الكاتب إلى ارتباط الارتفاع الأخير فى التوتر بفشل الإصلاحات الموعودة فى مطلع الألفية ، والتى كنتيجة تركت الشباب الشيعة يشعرون بالمرارة والإحباط العميق. كما يدعى النشطاء الشباب أن جيلهم عرضة للتعبئة الطائفية بسبب إيقاف التعاقد الاجتماعى والحرمان من الحصول على رأس المال

الاقتصادى والسياسى. وخلال حرب العراق، كانت أنظمة الخليج — لا سيما المملكة العربية السعودية والبحرين — تنظر بشكل متزايد لمطالب الشيعة الخاصة بالإصلاح أنها بمثابة تهديد أمنى. وصلت التوترات إلى أوجها بعد عام 2011 الانتفاضات العربية، عندما حاول رجال الدين السنة ووسائل الإعلام الخليجية، تصوير المطالب الأولية للديمقراطية من قبل الشيعة على أنها مستوحاة من إيران. أنشأت هذه الاستراتيجية شقوقا داخل حركة الإصلاح، من خلال تفاقم الهويات بين الشيعة والسنة، كما أبرزت ضمنيًا أن الأسر الحاكمة تحكم شعبا يتصف بالانقسام والعند.

كما زادت الحرب فى سوريا من التوترات فى المنطقة. وامتدت «الطائفية» لهذا الصراع — سواء بسبب سياسات الاسد أو التدخل الخارجى من قبل الدول العربية وإيران — فى جميع أنحاء الخليج. وقد قام رجال الدين (السنة) فى الخليج بالتجريح فى النظام العلوى وحلفائه. ويسود التناقض بين الكثير من الشيعة فى الخليج الآن، حول دعم المعارضة السورية، والتى يُنظَر إليها بشكل متزايد على أنها مناهضة للشيعة. ولو كانت الحياة السياسية فى الخليج أكثر شمولية وتعددية، لكانت الهويات الطائفية أقل تسييساً وخبثاً، ولكان لوسائل الاعلام الاجتماعية والصراعات الإقليمية تأثير أقل فى تعبئة وحشد المواطن الخليجى.

\*\*\*

وتطرق هرى إلى سبب التوترات وتأثيرها على التوازن فى العلاقات السياسية بين إيران ودول الخليج. فالصراع بين السعودية (السنة) وإيران (الشيعة) يأتى فى المقام الأول بسبب

الاختلاف الجذرى فى أنظمة الحكومتين ، ورؤيتهم المختلفة للنظام الإقليمى ، كما يدعى كل منهم استناده للشرعية الإسلامية. وتمثل قضية هيمنة الولايات المتحدة فى المنطقة أيضًا سببًا رئيسيًا للصراع ، حيث تريد إيران شرق أوسط خاليًا من النفوذ العسكرى الأمريكى ، فى حين أن المملكة العربية السعودية سبق وطلبت نوعاً من الرقابة الخارجية ليكون بمثابة شيك تستخدمه ضد إيران — والعراق. وتاريخيًا ، اختلف الجانبان أيضًا حول القضية الفلسطينية ، حيث رأى آل سعود أن تورط إيران فى هذه المسألة ، يهدد بشكل كبير شرعيته الإقليمية وحتى المحلية. وعلى الرغم من ذلك فإن الجانبين قادران على تهدئة هذه الطائفية ، كما حدث فى لبنان بعد حرب عام 2006. ويحدث مرة أخرى الآن فى البحرين ، حين خفضت إيران (وحزب الله) فحوى انتقادهما لسياسات السعودية.

***

أوضح الكاتب أن التوترات الطائفية الحالية فى الخليج لا تدفع إلى تحولات جوهرية فى الخريطة الإقليمية. حيث تاريخيًا ، كانت الانتماءات الطائفية مجموعة واحدة من الهويات ، تعيش جنبا إلى جنب مع الانتماءات الأخرى: قومية ، إثنية أو قبلية. وبالنسبة لمعظم الشيعة فى الخليج ، لا تزال الدولة القومية القائمة ، إطارا يتم من خلاله إجراء نشاطهم. ثم أثار الكاتب سؤالاً: **"بما أن إيران قد أعلنت أن الانتفاضات العربية هى استمرار لثورتها عام 1979، فما هو التأثير الحقيقى لإيران على الشيعة فى الخليج ؟"** قامت إيران بعدة محاولات فى عام 1990 لتصدير ثورتها إلى الخليج ، كما نأى النشطاء الخليج الشيعية بأنفسهم من

أى انتماء مع الحكومة الإيرانية ، حتى مع الحفاظ على الروابط الدينية لرجال الدين الإيرانيين. اليوم ، النخب الخليجية الشيعة ، الذين يتبنون مبدأ الجمهورية الإسلامية من (الحكومة الإسلامية)، ويعتبرون المرشد الأعلى خامنئى مرجعهم (مرجع رجال الدين) لا تتمتع بتأييد واسع.

***

واختتم الكاتب تقريره بالإشارة إلى أن الثورة الإيرانية لا تزال للعديد من قادة دول الخليج ، المنظار الذى يعرض من خلاله النشاط الشيعى المحلى. وإن تصوير المتظاهرين الشيعة على أنهم مدعومون من إيران ، من شأنه أن ينزع الشرعية عنهم ويقوض إمكانية التعاون الطائفى بين الشيعة والسنة ، الليبراليين والإصلاحيين.([14])

---

([14]) جريدة الشروق المصرية – 13/ 3/ 2014 – الرابط :

http://www.shorouknews.com/columns/view.aspx?cdate=13032014&id=16687a7a-3fd7-4b04-b021-e6cd1b80eea6

## الشيعة لم يهبطوا علينا من الفضاء!

من أين أتى الشيعة السعوديون ، فقد وُلدنا وهم وموجودون ، كما وُلد أجدادنا وعاشوا معهم متسامحين متحابين ، أي أننا لم نستيقظ ذات صباح لنجد أن الشيعة قد جاؤوا إلينا من كوكب "**شرير**" — لا قدر الله — في هذا الكون الفسيح ، بل قدرنا أن نعيش بعضنا مع بعض ، إخوةً في الأرض والوطن.

نصت القوانين السعودية على ترسيخ مبدأ المواطنة ، باعتباره مبدأ أصيلاً لا يمكن نزعه من أي كان ، كما حرصت على تجريم الطائفية أو الدعوة للفتنة ، وأكدته في أكثر نصوص النظام الأساسي للحكم في السعودية — الصادر عام 1412 هـ (1992).

لعل من أبرز تلك النصوص المادة الـ 12 التي تؤكد حرفيًا أن "**تعزيز الوحدة الوطنية واجب، وتمنع الدولة كل ما يؤدي للفرقة والفتنة والانقسام**" ، كما تقول المادة الـ39 في نص آخر بغاية الأهمية: "**تلتزم وسائل الإعلام والنشر وجميع وسائل التعبير بالكلمة الطيبة، وبأنظمة الدولة، وتسهم في تثقيف الأمة ودعم وحدتها، ويحظر ما يؤدي إلى الفتنة، أو الانقسام، أو**

يمس بأمن الدولة وعلاقاتها العامة ، أو يسيء إلى كرامة الإنسان وحقوقه ، وتبين الأنظمة كيفية ذلك ".

في تلك المادتين ما يؤكد أن حق المواطنة "السعودية" هي المرجع الأساسي الذي يحتكم إليه جميع المواطنون ، سواء أكانوا سنةً أم شيعةً ، حليقي اللحى أم مطلقيها ، يلبسون ثيابًا قصيرة أم طويلة ، يرتدون جبة أو مشلحاً ، يضعون العمائم أو الأشمغة ، أبناء قبائل أم أبناء أسر وعائلات.

إن المعيار الحقيقي ، الذي تقاس به المواطنة ، هو الولاء للدولة والوطن ووحدته واستقلاله والمحافظة عليه ، وتؤكد أننا متساوون أمام القانون ، مهما كانت أحسابنا وأنسابنا ومعتقداتنا.

لكن يبقى السؤال المهم هو: كيف نؤكد لذلك الشيعي الذي يعيش في منزل صغير بتاروت ، أو السني الذي يسند ظهره إلى جدار لكعبة في مكة المكرمة ، أو الذي يطلق عينيه للريح فوق جبال السراة ، أو من يسير فوق رمال نجد وحائل والجوف ، أنهم جميعاً مواطنون درجة أولى ، وليس بينهم مواطن درجة ثانية أو عاشرة ؟

أجزم أن ما يؤكد لهم ذلك ، هو الاستناد الفعلي إلى نصوص النظام الأساسي للحكم ، وتحويله إلى قانون يطبق بصرامة على التكفيريين والمحرضين ومروجي الفتنة ، والداعين إليها من جميع الأطراف ، فشيوخ الفتنة ، وبعض الكتب المنشورة ، ومواقع دينية

عدة ، إضافة إلى الوعاظ والخطباء والمغردين ، الذين يريدون تفريق دمائنا وهدم وطننا ، يجب إيقافهم عند حدهم ، وتجريم أفعالهم وعدم السكوت عنهم ، فاليوم أيها السادة غير الأمس.

كما يجب إيقاف القنوات الطائفية التي لديها مكاتب تمثيلية أو تعمل وتبث من المملكة ، وهي للأسف تبث البغض وتشرع الموت ، وتحرض على الفرقة ليل نهار ، مستهدفةً كل الأطياف الدينية والاجتماعية في الداخل أو الخارج.

فطائفة التكفيريين والمحرضين لا يستهدفون الشيعة فقط ، بل هدفهم هدم الوطن من أساسه ، وبناء وطنهم "**الطائفي التعيس**" الذي يضمهم وحدهم ، وهم مستعدون لقتل الجميع من أجله سنةً وشيعة ، مستخدمين في ذلك كل التبريرات وكل المفاهيم الخاطئة ، ومُلْوِين أعناق النصوص ؛ لتخدم إرهابهم.

وأخيراً هؤلاء المحرضون لا يرون الشيعة كفارًا فقط ، بل يروننا كلنا – حكامًا ومواطنين ممن نخالفهم ونتصدى لقبحهم – مرتدين تغريبيين ليبراليين كافرين خارجين من الملة ، يبدأون بهجرنا وقذفنا ، وينتهون بقتلنا.([15])

---

([15]) الشيعة لم يهبطوا علينا من الفضاء! – محمد الساعد – مقال – جريدة الحياة – الطبعة السعودية – ٥ /11/ ٢٠١٤.

## شيعة عراقيون: لسنا ضاحية جنوبية "تعتاش" على نفوذ إيران
## طهران تختبر مرحلة جديدة في علاقتها بالحلفاء التقليديين في بغداد

انتفض سياسي شيعي بارز في جلسة جمعت رجال أعمال أكراداً وخبراء نفط أجانب ، حين أثير موضوع الضغوط الإيرانية في ملف تشكيل الحكومة ، وأشار بيديه إلى الجبال والمرتفعات المحيطة بمدينة أربيل شمال العراق قائلاً: "نحن لسنا ضاحية جنوبية تتحكم فيها إيران إلى الأبد، فهي تعلم أن الشيعة في البصرة والنجف يمدون شراكات ثقافية واقتصادية عبر هذه الجبال، مع عراقيين متنوعين، نحو أوروبا، وشراكات تاريخية مع عرب الخليج، ويكتسبون ثقة أكبر بأنفسهم حين يرون كل عمالقة النفط الذين يسارعون للاستثمار هنا، وأن النفوذ الإيراني أمر مؤقت شجعه فراغ القوة بعد انهيار صدام حسين، وستشهدون جميعاً كيف سنقوم بتنظيمه وتحديده".

الحديث الذي جرى ليلة الانتخابات التشريعية التي نُظمت في الثلاثين من الشهر الماضي ، يردده أكثر من حزب شيعي بارز ، ويوحي بأن الإيرانيين يوشكون أن يختبروا مرحلة جديدة في علاقتهم بحلفائهم الشيعة في العراق. وليس "التمرد" على الرغبات الإيرانية وليد اليوم ، فقد ظهرت بوادره بعد انتخابات 2010 حين رفض المجلس الأعلى الإسلامي الذي تأسس في طهران مطلع

ثمانينيات القرن الماضي ، دعم حكومة جديدة لنوري المالكي رغم كل ضغوط قائد الحرس الثوري قاسم سليماني ، فعاقبه الإيرانيون حين أمروا منظمة بدر جناحه العسكري ، بالانشقاق والتحالف مع المالكي.

وجاءت ثاني علامات التمرد على رغبات إيران في 2012 حين خالف مقتدى الصدر رغبتها ، وذهب إلى أربيل في اجتماع كان يهدف إلى سحب الثقة من نوري المالكي ، متحالفـًا مع الأكراد والسُّنة ، ليأخذ الموضوع أشكالاً متعددة فيما بعد ، حين تحدّث الصدر وعمار الحكيم ورجال دين بارزون في النجف ، عن رفضهم زج شباب عراقيين في القتال إلى جانب بشار الأسد مع **"حزب الله"** اللبناني.

ويأتي تشكيل حكومة 2014 كأقسى اختبار لنفوذ إيران على الأحزاب الشيعية الرافضة لمنح المالكي ولاية ثالثة ، بما يعكسه من تزايد في رغبة شيعة عراقيين في انتهاج سياسة مختلفة عن توجهات الجار الفارسي ، تتمثل بما قاله أحمد الجلبي المقرب من طهران قبل يوم من الاقتراع الأخير ، حين تحدث عن ضرورات التطبيع السريع مع السعودية ، وإطلاق حوار داخلي يوقف حرب الأنبار وينعش التسويات التي ألغاها المالكي مفضلاً استخدام لغة الدبابات لإخضاع سنة العراق.

ويقول خبراء بهذا الشأن إنه من الصعب أن يفلت شيعة العراق نهائياً من قبضة إيران وقدرتها على اللعب بانقساماتهم ، لكن هؤلاء يذكرون كذلك أن الشيعة أصبحوا أثرياء أكثر ، ولم يعودوا مجرد أحزاب فقيرة بلا خبرة سياسية كما كانوا لحظة سقوط صدام حسين. فنحو 11 عاماً في السلطة منحتهم نفوذا متنوعًا

وعلاقات مع أطراف دولية بارزة ، وشراكات مع كارتلات تجارية تركية وخليجية ومصالح كبرى مع عمالقة النفط الغربيين بحيث باتوا مؤهلين للخروج بنحو ما ، عن سيطرة طهران.

ويختصر السياسي الشيعي وجهة نظره بأن العلاقة بين إيران والعراق تحتاج إلى تصحيح ، فطهران لا تزال معتادة على إدارة ملف الشيعة العراقيين ، بمقاسات إدارتها للنفوذ في ضاحية بيروت الجنوبية ، حيث تتحكم في شيعة لبنان الفقراء الذين لا يمتلكون خيارات كثيرة في بناء مواقفهم السياسية دونما دعم إيراني كبير. ويقول السياسي البارز إن شيعة العراق يحاولون إقناع طهران بأن الخروج من "**نموذج الضاحية الجنوبية**" في التعامل مع العراق ، هو الطريقة الوحيدة للحفاظ على علاقات متينة بين البلدين ، ويذكر أن حوارات كثيرة حصلت في طهران ، كان الهدف منها إقناع الإيرانيين بأن انتهاج بغداد لسياسات تصالحية ، سينوِّع "**أدوار شيعة العالم**" الذين من غير المفيد أن "**يحترقوا دفعة واحدة**" في مواجهات بلا نهاية مع المحيط العربي والدول الكبرى.

وعلى أي حال فإن الشهور المقبلة ستقدم أكثر العروض إثارة في هذا الإطار ، وستختبر قدرة الإيرانيين على التكيف مع معادلات القوة الجديدة في أوساط شيعة العراق الذين فشلت في توحيدهم خلف نوري المالكي منذ انسحاب الجيش الأميركي نهاية 2011.([16])

---

([16]) شيعة عراقيون: لسنا ضاحية جنوبية "تعتاش" على نفوذ إيران – تقرير – جريدة الجريدة الكويتية – 14 /5/ 2014 – الرابط:

http://www.aljarida.com/news/index/2012661859/%D8%B4%D9%8A%D8%B9%D8%A9-

## علماء الشيعة السعوديون يحذرون من الخروج على سلطة الدولة

### علماء القطيف والأحساء يدينون العنف المسلح ضد رجال الأمن، ويؤكدون براءة الإسلام من الجماعات والتيارات المتطرفة

الرياض:

أدان عدد من علماء الدين الشيعة في المملكة العربية السعودية عمليات العنف المسلح التي يقوم بها بعض الشباب ضد رجال الأمن ، مؤكدين أن الأمّة ابتليت بجماعات وتيارات متطرفة تمارس الإرهاب والعنف تحت عناوين دينية وسياسية.

وجاء ببيان أصدره عدد من علماء القطيف والأحساء: "**لا شك أن أعظم مقصد للدين وأهم مطلب للمجتمع هو بسط**

---

الأمن والاستقرار في البلاد"، مؤكدين أن "مجتمعات الأمّة ابتليت في هذا العصر بجماعات وتيارات متطرفة تمارس الإرهاب والعنف تحت عناوين دينية وسياسية والدين بريء من الإرهاب والعنف السياسي يدمر الأوطان".

وأضاف البيان: "ما نعرفه من سيرة أئمة أهل البيت عليهم السلام ومن توجيهاتهم الهادية انهم يؤكدون على حفظ وحدة الأمّة ورعاية المصلحة العامة ورفض أي احتراب داخلي حماية للسلم والأمن في مجتمع المسلمين وذلك هو نهج مراجعنا وفقهائنا".

وحذر البيان من الانجرار وراء العنف قائلاً: "لذا نحذّر أبناءنا وشبابنا الأعزاء من الانجراف خلف توجهات العنف والتطرف فهو لا يحل مشكلة ولا يحقق مطلبًا بل يزيد المشاكل تعقيدًا ويحقق مآرب الأعداء الطامعين".

وقال البيان: "نؤكد أن أي استخدام للسلاح والعنف في وجه الدولة أو المجتمع مدان ومرفوض من قبل علماء المذهب الشيعي وعموم المجتمع ولا يحظى بأي غطاء ديني أو سياسي".

والموقعون على البيان هم الشيخ عبد الله الخنيزي والسيد علي الناصر والشيخ عبد الكريم الحبيل والشيخ حسن الصفار والشيخ جعفر الربح والشيخ يوسف المهدي والشيخ حسين

البيات والشيخ حسين العايش والشيخ عادل بو خمسين والسيد كامل الحسن.

وكانت منطقة القطيف بشرق المملكة العربية السعودية شهدت بعض عمليات العنف المسلح ضدّ رجال الأمن تورّط بها شبّان يرجّح ارتباطهم بإيران التي يقول مراقبون إنها تسعى لتأجيج صراع طائفي في بعض مناطق المملكة على غرار ما هو جار بمملكة البحرين.([17])

---

([17]) علماء الشيعة السعوديون يحذرون من الخروج على سلطة الدولة تقرير – جريدة العرب اللندنية – 10 /3/ 2014 – العدد: 9493 – ص 3.

## شيعة السعودية ينحون باللائمة في الهجمات على طائفية لم تجد ردعًا

### من أنجوس ماكداول

### الدالوة (رويترز)

هاجم مسلحون يوم الاثنين بلدة شيعية في السعودية وهو ما أدى إلى مقتل ثمانية أشخاص. وبحلول يوم الأربعاء كانت مشاعر الأسى التي انتابت السكان تختلط مع الغضب حيال ثقافة طائفية ينحون عليها باللائمة في تهيئة أرضية خصبة للهجمات.

وتشعر الأقلية الشيعية في السعودية بضعف متزايد مع اتخاذ الحروب الأهلية في سوريا والعراق منحى طائفيا بشكل أساسي فضلا عن عيشهم في بلاد يتصاعد فيها سخط الأكثرية السنية جراء محنة السنة في البلدان الأخرى.

ويعتبر الجهاديون السنة أن أفراد الطائفة الشيعية يجسدون خطراً أكبر من الحكومات الأجنبية التي كانت عدوهم اللدود في الماضي.

في حين لم تبذل الحكومة السعودية جهدًا يذكر لاجتثاث اللغة التحريضية المتزايدة على أراضيها بالتوازي مع الأحداث

الإقليمية واكتفت بشن حملة على النماذج المتطرفة والتشديد على الهوية الوطنية المشتركة بصرف النظر عن الطائفة.

وأكّد شاهد على الهجوم رفض الكشف عن اسمه خوفًا من هجمات انتقامية **"من المؤكد أن انتقاد رجال الدين والمحطات التلفزيونية الدينية للشيعة يخلق جواً يسمح بحصول هذا الأمر. في مدارسنا يقول المعلمون في المدارس السعودية لأبنائنا أن الشيعة ليسوا مسلمين".**

ووقع هجوم الاثنين في منطقة الدالوة في محافظة الإحساء وهي واحة يسكنها نحو نصف شيعة البلاد.

وأسفرت عملية مطاردة مرتكبي الهجوم حتى الآن عن اعتقال 20 شخصًا ومقتل ثلاثة مشتبه بهم ورجلي شرطة في اشتباك.

واستنكر كبار رجال الدين السنة الهجوم الذي أنحى فيه المسؤولون باللائمة على تنظيم القاعدة في حين زار وزير الداخلية الأمير محمد بن نايف محافظة الشرقية لتقديم العزاء إلى أهالي وعائلات الضحايا.

وعلى الرغم من أن هذه الخطوات طمأنت القرويين بعض الشيء غير أن العديد منهم لا يزال يعتقد أنه يتعين بذل المزيد من الجهود لوقف العداء ضد أبناء طائفتهم.

## *مضايقات وإهانات

ويُسمَح لمحطات التلفزيون الدينية الخاصة ببث خطاب معادٍ للشيعة كما يسمح لرجال دين نافذين بمهاجمة الطائفة الشيعية على التويتر.

وبعد يوم على الهجوم أقدمت الحكومة على إغلاق قناة الوصال الدينية التي كان يظهر على شاشتها شيخ اعتقل في الشهر الماضي لبثه تغريدات على موقع تويتر أثنى فيها على قتل الشيعة في اليمن غير أن هذه الخطوة أثارت تساؤلات لدى الكثير من الشيعة عن سبب تقاعس السلطات عن القيام بهذه الخطوة قبل شهر.

وقال رجل كان يقف خارج حسينية الدالوة: "**على الحكومة تغيير المناهج الدراسية التي تقول إن الشيعة أشرار. نريدها أن تتخذ المزيد من الإجراءات حيال الأشخاص الذين يعبرون عن كرههم للشيعة على تويتر ويشجعون الناس على قتلهم**".

وأضاف: "**نحن لا نطلب من الحكومة أن تبني لنا دور عبادة أو تسمح لهم بالتظاهر بل نريد فقط ألا نتعرض للاهانات والمضايقات من الناس**".

وفي الدالوة وهي بلدة صغيرة تقع على سفح جبل القارة الصخري بين مزارع النخيل الخضراء، كان وقع الهجوم كبيراً على السكان لاستهدافه مراسم إحياء ذكرى عاشوراء.

وتخص الحكومة السعودية أهالي القطيف بالمنطقة الشرقية – حيث يعيش أغلب الشيعة السعوديين – بالسماح بالاحتفال علناً بهذه المراسم.

أما سكان محافظة الاحساء – حيث نصف السكان فقط هم من الشيعة – فيمنع عليهم تنظيم المسيرات العاشورائية أو رفع الرايات السوداء.

## *المهاجمون يضحكون

عندما بدأ إطلاق النار في بلدة الدالوة قال شقيق محمد المشرف إن أخاه استدار لحماية طفله باسم ذي العام الواحد بجسده وصرخ على المهاجمين: "لا تطلقوا النار.. لا تطلقوا النار" فأنقذ صغيره لكنه تلقّى الرصاصات بدلاً منه وقتل على قارعة الطريق.

وبدا الأسى واضحاً على وجوه سكان القرية يوم الأربعاء حيث معظم الأشخاص تربطهم صلات قربى ولم يرغب أي من الرجال والأولاد الواقفين أمام الحسينية التي بدت آثار الرصاص

واضحة على جدرانها الكشف عن أسمائهم خوفًا من هجمات انتقامية.

وامتنع رجل مسن يرتدي عباءة بيضاء تقليدية قتل ابنه في اطلاق النار عن الحديث مكتفيًا بالقول **"قلت ما يكفي وليس لدي ما أضيفه".**

في حين أشار رجل أصغر سنًا إلى أنه كان واقفًا أمام الحسينية عندما تقدَّم ثلاثة مسلحين من الشارع باتجاهه بعدما تركوا سيارتهم تحت الأشجار القريبة.

وقال إن المهاجمين أطلقوا النار عليه فسارع لخفض رأسه والهرب فتمكن من النجاة مشيرًا إلى أنهم لم يقولوا أي شيء بينما كانوا يطلقون النار بل كانوا يضحكون فقط.

ويقيم طالب المطوع — وهو قريب عدد من الضحايا — مجلس عزاء يوم الجمعة يتوقع أن يحضره آلاف الأشخاص.

وقال مثنياً على رد فعل الحكومة **"الجميع استنكر ما حصل كما عبر أشخاص من الحكومة ومن غرفة التجارة ومن العائلات السنية الكبيرة عن رغبتهم في حضور العزاء".**

أما في الرياض فقد نددت الأمانة العامة لهيئة كبار العلماء بالهجوم وقالت إن **"هذا الحادث الإجرامي اعتداء آثم وجريمة بشعة يستحق مرتكبوه أقسى العقوبات الشرعية".**

في حين وصف المفتي العام الشيخ عبد العزيز آل الشيخ في مداخلة تليفزيونية يوم الثلاثاء ما جرى في الدالوة بأنه "**هذه فتنة وشر فعلة افتعلها من يريد بها الشر والسوء ويريد بها فتح باب النزاع الطائفي علينا ليقتل بعضنا بعضاً**".

وعبَّر المطوع عن أمله في أن يستمر رد فعل الحكومة القوي بعد الهجوم وأن يساهم في تحسين الأوضاع.

وأضاف "الدم صار يتكلم اليوم ويقول.. كفى".(<sup>18</sup>)

---

(<sup>18</sup>) شيعة السعودية ينحون باللائمة في الهجمات على طائفية لم تجد ردعاً — تقرير — موقع وكالة رويترز على الانترنت — 6/ 11/ 2014 — (إعداد داليا نعمة للنشرة العربية) — الرابط:

http://ara.reuters.com/article/topNews/idARAKBN0I

Q27V20141106?sp=true

## زعيم شيعي سعودي يحرض الأميركيين على السعودية

**موقع السكينة:**

**2014 /5/ 12**

(أغلب أهل القطيف ضد الإرهاب والعنف ولا يقبلون تطرف بعض دعاتهم ومفكريهم ، لكن لنعلم ما يجري خلف الستائر من مقايضات وتخطيط ومؤامرات توجهها بعض الدول لأجل إثارة الفتنة والفوضى فإن هذه المادة تفيد الباحث في تحديد مؤشرات مهمة ، كما أن المعلومات المنشورة من **ويكيليكس** – لا ترقى إلى أن تكون وثيقة رسمية يمكن تصديقها والوثوق بها لكنها تظل معلومة متداولة ذات مرجعية واضحة والشخصيات موجودين يمكن أن يكذّبوا ما تم ذكره فيها).

*****

حينما يجلس ناشط من العالم الثالث مع دبلوماسي يمثل أقوى دولة في العالم قد يعتقد هذا الناشط حتى لو كان رجل دين أن ذلك الدبلوماسي قد يكون أداة لتحقيق أحلام وآمال الناشط ومن يمثلهم.

لكن أن تكون الأداة هي من يتهمها مرجعيات هذا الناشط بأنها الشيطان الأكبر ومصدر الشرور في هذا العالم وحليف الديكتاتوريات العربية إن لم يكن حامي حماها ، فهذا يعني أن هناك خطأ ما ، وهذا ما احدثته بعض الوثائق التي سببت ضجة كبيرة وقد تضر بعلاقات الطائفة الشيعية بالمجموع الوطني السعودي منها الوثيقة "رياض4206" بتاريخ الثالث من يناير/ كانون الثاني عام 2006.

تقول الوثيقة إن القنصل الأميركي في الظهران التقى مجموعة من كبار الطائفة الشيعية في الإحساء الذين تسابقوا للتعبير عن سعادتهم باحتلال الولايات المتحدة للعراق.

تم اللقاء في منزل رجل أعمال شيعي اسمه حسين علي العلي وهو رجل أعمال ، وعلى مائدة غداء حساوية فاخرة في الثامن والعشرين من ديسمبر/ كانون الأول 2005 حيث اجتمع القنصل الأميركي رامين اسغارد بمجموعة من وجهاء الطائفة الشيعية في الواحة الزراعية الأحساء شرق السعودية.

خلال الغداء شكر بحماس ثلاثة من الضيوف الولايات المتحدة على احتلالها العراق وهم الشيخ هاشم السيد محمد السلمان ، وهو رأس الحوزة في الأحساء والوحيد المسموح له بالعمل الديني في السعودية حسب وصف القنصل له (هذا

الوصف غير دقيق حيث أن هناك الكثير من المعلمين والشيوخ الشيعة يعملون بحرية في المملكة).

والضيف الثاني هو الشيخ عادل بوخمسين وهو رجل دين من أسرة ثرية تمتد أوصالها إلى الكويت ، والمحامي والناشط صادق الجبران المقرب من الشيخ حسن الصفار.

وقال الثلاثة إن "فتح" العراق وتقديم الديموقراطية للعراقيين والحرية التي يعيشها العراقيون الشيعة تمثل تطورات مهمة.

وما فاجأ القنصل الأميركي اسغارد هو تعليق ساخن وقوي من الشيخ عادل بوخمسين الذي قال: "**ماذا يمنع الولايات المتحدة من صنع نفس الأشياء في السعودية؟ هل هو النفط؟**".

وطفق بوخمسين بعد ذلك يشرح التعصب والتطرف الذي يسود بلاده وأن المدارس السعودية مليئة بنصوص التطرف والتشدد ، ليتبعه بعد ذلك صادق الجبران الذي اتهم مؤتمرات الحوار الوطني التي تعقد برعاية الملك بالنخبوية وانها لا تصل إلا لعلية القوم في المملكة. وأن ما يعرض في التلفزيون السعودي من مراجعات للجهاديين لا يراها أحد ، وأنها من صنع السعوديين لإقناع الأميركيين أن هناك عملاً جدياً ضد التطرف.

بعد ذلك بدأ الجبران بكائية طويلة حول حقوق الشيعة السعوديين وأن حوزة الاحساء تحتاج إلى أن تسمح لها الحكومة السعودية بتغيير مقرها الصغير لأكبر منه وعلى الشارع العام، وكأن القنصل الأميركي يهمه اين يقع مقر الحوزة.

## التخوين

بالكشف عن هذه الوثيقة المحرجة للمنادين والمصرِّين على ولاء الشيعة السعوديين لبلادهم بدأت سلسلة من الاتهامات تنال من زعماء الطائفة الشيعة.

وكان الشيخ حسن الصفار الذي يكاد يكون زعيم الطائفة والناطق باسم مصالحها يكرر بين الفينة والأخرى التزام الطائفة بالولاء للوطن السعودي والقيادة في المملكة، لكن ما نشر في ويكيليكس قدم للجناح السلفي المتزمت على طبق من ذهب الفرصة لتأكيد ادعاءاتهم بأن ولاء الشيعة في المنطقة الشرقية السعودية ليس لبلادهم وأن تصريحات الصفار لا تعدو عن كونها **"تقية"**.

وكان الشيخ حسن الصفار قد صرَّح في عدة مرات أن مسألة الولاء للوطن تأتي في سياق الرد الضمني على الولايات المتحدة الأميركية التي تتحدث باسم الأقليات الدينية والعرقية في المنطقة.

ويؤكد الصفار أن المراهنة على الأميركيين وإن تمت من قبل الشيعة أنفسهم مراهنة خاسرة ، والمطلوب تأكيد مبدأ الوحدة الوطنية ، وسد الثغرات أمام الأعداء بدلاً من تبادل الاتهامات ، والجلوس إلى طاولة الحوار مع المسئولين لحل المشكلات الراهنة.

تصريحات الصفار هذه يناقضها ما تقوم به شخصيات شيعية محترمة حين جلوسها مع المسؤولين الأميركيين ، حيث تبدأ سلسلة من الانتقادات لعدم التدخل لنصرة الشيعة في السعودية ، لذا ينتظر السعوديون من الشيخ عادل بوخمسين وغيره ممن تناولتهم وثائق ويكيليكس الظهور لتبرير تصريحاتهم وتبيان صحتها.

## القضاء وصراع الزعامة في القطيف

الأمر الآخر الذي أثارته وثائق ويكيليكس الأخيرة أهمية منصب القاضي في محكمة الأوقاف والمواريث الشيعية في القطيف وكيف أصبح نموذجاً مهماً على الصراع على الزعامة في القطيف.

ففي ظل محدودية العمل السياسي في المملكة ، وندرة المناصب القيادية التي يتسنمها الشيعة وكذلك التغيرات داخل الجسم الشيعي وبروز قيادات شابة تحاول إبعاد الزعامات التقليدية القديمة والمستندة على إرث العائلة أو الثروة.

في ظل كل ذلك تدور معركة شرسة بين القيادات الشيعية للحصول على حق تمثيل الشيعة إما أمام العائلة المالكة السعودية أو أمام المراجع الدينية في النجف أو قُمّ.

تكشف إحدى وثائق **الويكيليكس** جانبًا من هذا الصراع داخل الطائفة الشيعية ؛ ففي الوثيقة رقم "**رياض 9142 05**" بتاريخ 13 ديسمبر / كانون الأول 2005 أن الناشط جعفر الشايب والذي شغل منصب رئيس المجلس البلدي في القطيف قد التقى آنذاك بالقنصل الأميركي في الظهران جون كينكانون حيث ابدى له عدم أسفه على تغيير الحكومة السعودية قاضي الشيعة في القطيف عبد الله الخنيزي لأنه كان غير فعال ونشيط لخدمة مجتمع الطائفة الشيعية.

وشرح الشايب للقنصل الأميركي أن هناك قوى اجتماعية جديدة تقوى يوماً بعد آخر في القطيف.

وأكد الشايب أن الشيعة مسرورون بإشارات الملك عبد الله الإصلاحية ، لكنهم لا يرونها على أرض الواقع من حيث منح الشيعة المزيد من الحريات الدينية.

وأسهب الشايب ومعه زميله محمد محفوظ وهو كاتب صحفي في **جريدة الرياض** في شرح أن التعددية في العراق إن تمت في جو آمن ستعطي مثالاً طيباً لحكومات المنطقة.

وقام الاثنان بالتقليل من حجم النفوذ الإيراني على شيعة المملكة ، مستبعدين أن يكون لطهران نشاط في التأثير على شيعة القطيف والأحساء.

بعد الاجتماع يوصي القنصل زملاءه في الخارجية الأميركية بأن ينتبهوا للوضع في القطيف والصراع الدائر على النفوذ داخل الطائفة الشيعية فيها.

يقول القنصل الأميركي كينكانون إن جعفر الشايب أخبره أن وزارة العدل السعودية ستقوم قريباً بتغيير القاضي في محكمة الأوقاف والمواريث الشيعية (المحكمة الجعفرية ، سابقًا) عبد الله الخنيزي وستعين قاضياً آخر هو غالب الحمد من جزيرة تاروت والذي عاد مؤخراً من إيران بعد ان قضى وقتاً طويلاً يدرس في حوزة قم حيث أتم علومه هناك ، ويتمنى الشايب للحمد بالتوفيق وان يعمل مع وزارة العدل على دعم سلطة المحكمة وزيادة قدراتها وخدمتها للمجتمع الشيعي السعودي.

ويسأل القنصل الأميركي جعفر الشايب لماذا تريد وزارة العدل السعودية تغيير القاضي الخنيزي ، فيجيب الشايب أن السبب هو أن هناك قوى جديدة داخل الشيعة لا تريده.

ويواصل الشايب – الذي كان قبل أسابيع في رحلة علاجية إلى الولايات المتحدة – الشرح بأن هناك قادة تقليديين

من عائلات كبيرة وتجاراً أغنياء وزعماء دينيين تقليديين لم يعودوا يمثلون تعددية المجتمع الشيعي.

ويشير الشايب إلى أن الانتخابات البلدية أبرزت بوضوح أن هناك قوى جديدة من الشباب حتى في الزعامة الدينية، وأن هذه القوى الدينية الشابة تفكر بشكل أكثر تحررًا من السابقين في إشارة الى الخنيزي.

ويعتقد الشايب أن القاضي الجديد غالب الحمد سيكون منفتحاً وقادراً على معالجة مشاكل عديدة تعترض الطائفة وعلاقتها مع وزارة العدل.

ويبرز الشايب كيف أن رغبات الطائفة هي التي أسقطت الخنيزي وهو من عائلة تقليدية نافذة وكبيرة ويمثل المؤسسة التقليدية، لصالح الحمد وهو من عائلة أقل نفوذًا وحجمًا ومن خارج القطيف.

ويشرح الشايب للقنصل الأميركي كيف أن شيعة القطيف يرحبون بإشارات الملك عبد الله الإصلاحية لكنهم لا يرون أي تقدُّم على أرض الواقع، فهم غير مُمثَّلين في الحكومة بشكل جيد، كما أنهم ومنذ ثلاثين عامًا لم يعين أحدهم عمدة حتى في منطقتهم وجميع المسؤولين الحكوميين في القطيف هم من خارجها.

ويسأل القنصل جعفر الشايب رئيس المجلس البلدي المنتخب في القطيف عما يريده شيعة القطيف من الحكومة السعودية فيرد الشايب: "**نريد نهاية للتمييز ضد الشيعة وحريات دينية أكبر ككتب دينية شيعية وأن يدرس أبناؤنا مذهبنا الشيعي من وجهة نظر شيعية وأن يكون للشيعة معلمون دينيون شيعة**".

وناقش الشايب ومحفوظ مع القنصل الأميركي علاقة بعض الشيعة بتفجير الخبر عام 1996 حيث أكدوا أن المتهمين لم يحاكموا ، ومن حوكم منهم لم يحاكم بعدالة أو لم يتلقَّ عقوبة حتى الأن.

وبشكل خطابي – على حد وصف القنصل – يتدخل محفوظ في الحوار ليشير إلى أن الحكومة السعودية تعيد تأهيل المتعصبين ممن يعودون من الجهاد في العراق ، ويدعونهم يذهبون طلقاء ؛ فلماذا لا يقومون بنفس العمل مع المساجين الشيعة ؟

ويتحدث الشايب عن أن الإصلاحيين الليبراليين وهو أحدهم يمنحون الملك عبد الله وقتاً حتى يطرح عمليات إصلاحية بهدوء ودون ضغوط.

ويقول الشايب: "**المتعصبون السنة هم من يضغطون عليه في الوقت الراهن**".

ويشير الشايب أن الإصلاحيين الليبراليين يقومون حاليًا ببناء جسور مع مؤسسات المجتمع الدولي المختصة بحقوق الإنسان.

ثم ينتقد الشايب العمل الحكومي الأميركي لترويج الديموقراطية في المنطقة وأنه غير فعال ويخلق شكوكًا لدى المواطنين حول طرق وأهداف الولايات المتحدة.

ويبدي جعفر الشايب الناشط الشيعي السعودي ورفيقه محفوظ تفاؤلهم بما يحدث في العراق ، وأنه سينعكس إيجابيًا على المنطقة.

ويقول الاثنان إن شيعة السعودية فرحون بسقوط صدام ، ولعب الشيعة في العراق دورًا كبيرًا في الحكومة العراقية الحالية ، لكنهم يخشون من عودة المجاهدين السنة من العراق إلى السعودية وحدوث مشاكل مثلما حدثت بعد عودتهم من افغانستان.

## إيران

وينفي الكاتب الشيعي محمد محفوظ أي نفوذ إيراني في أوساط شيعة السعودية. فيتساءل القنصل الأميركي عن الطلبة الشيعة السعوديين الذين يسافرون إلى إيران ، فيبادر محفوظ بالإيضاح "**هناك حدود فاصلة بين المدارس الدينية والحكومة،**

**وأن كل مدرسة تتبع لمرجع ديني، وهو من يمول المدرسة وطلبتها".**

## جون كينكانون

ويحاول الشايب ومحفوظ الشرح للقنصل جون كينكانون أن الدراسة في قُمَّ لا تعني اتباع الخط الثوري الايراني أو توجيه الطلبة نحو الأيديولوجيا الإيرانية. وأن ذهاب الطلبة الشيعة السعوديين إلى إيران سببه صعوبة ذهابهم إلى النجف في العراق خلال العقود الماضية.

ويقول الشايب ومحفوظ إن معظم الطلاب السعوديين يدرسون في مدارس تابعة للمرجعين السيستاني والنجفي وليس في المدارس التابعة للإيرانيين.

ويقول القنصل الأميركي إن جعفر الشايب حاول تعزيز وجهة نظر محفوظ بقوله إن الإيرانيين لديهم تأثير عبر منح الفيز والرخص للطلاب السعوديين كي يدرسوا في إيران.

وينتقل الشايب فجأة ليؤكد وجود حزب الله – الحجاز في القطيف – وأنه لا يزال يعمل هناك ، لكنه يؤكد أن نشاط هذا الحزب يقتصر حاليًا على النواحي الاجتماعية والثقافية فقط ، وأنه لم يعد مهتماً بنشر الفكر السياسي الثوري كما كان.

ويدافع الشايب — وهو بالطبع لا يعرف ما قاله الشيخ بوخمسين — عن ولاء الشيعة في المنطقة لدولهم ويمثل بموقف شيعة البحرين في السبعينات عندما رفضوا الوحدة مع إيران.

## عين النسر الأميركية

يحلل القنصل الأميركي جون كينكانون لقاءه بالشايب ومحفوظ بأن الأول يضع قدماً مع التيار الليبرالي والأخرى مع التيار الإسلامي ، وأنه يدعم حقوق الإنسان والإصلاح السياسي ، وقد وقَّع على الكثير من الخطابات الداعية للإصلاح في المملكة. وفي الوقت نفسه هو على علاقة قوية بالشيخ حسن الصفار وتلقَّى دعمًا كبيرًا من الإسلاميين الشيعة في انتخابات المجلس البلدي.

ويقول القنصل إنه لم يحاول إثارة موضوع الشيخ حسن الصفار مع جعفر الشايب ، لأن الأميركيين يشكون في أن الاثنين وراء الضغوط لتغيير القاضي الخنيزي والإتيان بقاضٍ حليف لهما سياسيًا.

وينتقد القنصل جون كينكانون تعليق الشايب حول أن تغيير القاضي الخنيزي كان بسبب قوى جديدة وأن الشايب لم ينجح في تفسير ما هي القوى الجديدة ، ويصف القنصل ذلك بأنه غامض وغير مقنع.

ويعلق القنصل الأميركي بأنه من الصعب على حسن الصفار وجعفر الشايب الحصول على قيادة شيعة القطيف بسهولة وعبر التحالف مع القوى الليبرالية والإسلامية ، ويعلق القنصل بأنه سيتابع ما يحدث عن قرب ، على الرغم من أنه يرى أن الوضع لتغيير القاضي الخنيزي سيكون مليئاً بالتحديات. (تم تغيير القاضي الخنيزي وتعيين غالب الحمد قاضياً بقرار ملكي فيما بعد).

## الخلاصة:

لا يمكن اعتبار تصريحات بعض زعماء الطائفة الشيعية ممثلة لغالبية أبناء الطائفة وأنهم ضد بلادهم ويطالبون بتدخل عسكري أو إطاحة بنظام الحكم السعودي بل إنها ليست تصريحات تعبر عن شريحة داخل الطائفة الشيعية.

والخطورة في هذه التصريحات ليست لأن الأميركيين سيمتثلون لها ويعتبرونها تشريعاً لهم للتدخل العسكري في السعودية ، بل الأخطر من ذلك أنها تزيد من عمق الخلاف والفرقة داخل المجتمع السعودي وتمكن المتشددين في الطرف السني من استخدام تصريح مثل ما قدمه عادل بوخمسين دليلاً لا يدحض على عمالة بعض الشيعة وانهم كما تنص الأدبيات السنية "أحفاد ابن العلقمي" وهي رواية تاريخية حين سقطت بغداد أمام المغول عن خيانة وزير شيعي يدعى ابن العلقمي للخليفة العباسي.

كما تبين الوثائق التي تسربت مدى عمق الصراع داخل الطائفة الشيعية على الزعامة ، فحسن الصفار من جهة والوجهاء من العائلات التقليدية الكبيرة من جهة أخرى.

ويبدو أن قدرة الصفار على التحاور مع الحكومة السعودية وانفتاحه على الخارج وحيازته لشعبية بين شباب الشيعة بسبب نضاله الطويل لمصلحة حقوق الطائفة واعتداله في خطابه يمكنانه من الحصول على ثقة الشيعة والحكومة السعودية في آن معاً.

وبعد أن أثارت وثائق **ويكليكس** ما تثيره حاليًا من لغط حول الولاء الوطني للطائفة الشيعية يجب أن يقوم الصفار بعمل يعيد الثقة بعدم وجود أحفاد لابن العلقمي في الاحساء والقطيف. كما أن هذه التصريحات والاستعداء من قبل شخصيات شيعية مهمة للولايات المتحدة ضد بلادهم تقدم تبريرًا قويًا للحكومة السعودية في عدم تولي هؤلاء لمناصب حساسة في الحكومة وعلى الأخص في القوى الأمنية.([19]).

---

([19]) زعيم شيعي سعودي يحرض الأميركيين على السعودية — تقرير — موقع السكينة — 12/ 5 /2014 — الرابط:

http://www.assakina.com/news/news2/44329.html#ix

zz3JWO7ZKyE

## بسمة حجازي: الرّبيع العربيّ بعيون (شيعة الخليج)

### 14 نوفمبر 2014

### خاص – التقرير

كان الربيعُ العربي ولا زال بمثابة غربال فكريّ للعرب على اختلاف رؤاهم ومذاهبهم وجنسياتهم. فقد أسقطَ البعض وأقام غيرهم وأعاد إنتاج الفكر العربي كما لم يحدث من قبل. كان الربيع العربي ملهمًا ومخيفًا، جميلًا وقبيحًا، صادقًا وكاذبًا، وخيّرًا وشريرًا، وحيثما وقفتُ منه تراه.

لكن أعجب ما فيه، بل أصدق ما فيه، أنّه جمعَ ضدين لفئات اختارت أن تغير مواقفها منه، فكان تارةً جميلًا ثم أصبح قبيحًا، وكان ملهمًا لبعض العرب ثم أصبح بلا مبررات مخيفًا لهم يصلون ليرحل بعد أن كانوا يبتهلون ليبقى عندما كان ربيعًا ينبُت فيه الزهر الذي يحبون.

بدأ الربيع العربي عام 2011، واشرأبّت الأعناق وانحبست الأنفاس حينها في انتظار ما سيحدث بعد ذلك. هل الربيعُ العربيّ حالةُ انتفاضةٍ عابرة، أم أنّه طوفان قادم ليقتلع الدكتاتورية من جذورها؟

والأهمّ من كل ذلك أنّه الاختبار الحقيقي للشعارات التي غرق فيها العرب زمنًا دون أن تخضع لتمحيص واختبار حقيقيّ وجوهريّ يكشف مدى عمقها وصدقها.

- 1 -

كان كل تيار يصنف المطالب الشعبية بناءً على مذهب وفكر الشعب الذي بدأها ، ثم ينطلق في أحكامه عليها كثورة شريفة أو أعمال إرهابية. ونهجت بعض الحكومات عبر إعلامها نهجًا يجرم الربيع العربي ويقدمه كمخطط مؤامراتي لتقسيم العرب ، وقد عرضتُ لشيءٍ من هذا التضليل الإعلامي في بحثٍ سابق نُشر في **صحيفة التقرير**.

والشيعة كغيرهم ليسوا أفضل حالاً من مذاهب سنيّة كثيرة صنفت الثورات لا على أساس مشروعية مطالبها ، بل على أساس هُوية من يطالب بها. فقد اجتمعت غالبية الأيديولوجيات السنية بما فيها الليبرالية على تجريم الحراك الشعبي في البحرين واعتباره حراكًا مأجورًا يهدف لزعزعة أمن واستقرار البحرين. واتهمَت الضالعين فيه بالخيانة وتدبير المؤامرات لدول الخليج ، وكذا كل حراك في شرق السعودية ، حيث يعيش أغلب الشيعة.

ووصل الأمر بالاحتجاجات السنية في القصيم التي تدين (قمع) الداخلية السعودية للمطالبة (بقمع) الحراك الشيعي في القطيف ، فولدت شعارات مثل "**وين القوة في القطيف؟**". علمًا

بأن الداخلية السعودية استخدمت القوة في القطيف ، ولم تكن متسامحةً مع الحراك الشيعي كما يصور التيار السلفي.

وجد شيعة الخليج في شرارة الربيع العربي التي بدأت في تونس فرصة للحديث عن القمع والاستبداد ، وأن الحراك الشعبي أينما كان لا ينتج إلا عن الظلم والقهر ، فهللوا للربيع العربي والحراك الشعبي التونسيّ وتغنّوا بقوة الجماهير ونددوا بأنظمة الطغيان العربية.

- 2 -

كتب السيد ماجد السادة في شبكة القطيف الإخبارية في السادس عشر من شهر يناير عام 2011 مقالًا بعنوان: "الثورة التونسية.. وإرادة الجماهير" ، جاء فيه:

**"إن أنظمة الاستبداد العربي جاءت تحت شرعية نظام الغاب هذا، فكان تصويت الشعب التونسي عليها بثورة أسقط فيها هذه المقولة السائدة، ولقد اعتادت أنظمة الاستبداد في عالمنا العربي قمع حريات شعوبها وخنق أصواتها إلى حد لا تتمكن من التعبير عن رأيها إلا في ثورة غضب وانفجار شعبي وانتفاضة جماهيرية، وهذا عينه ما حدث في تونس حين أحكم نظام بوليسي قبضته على رقاب الناس".**

كما كان لثورة مصر نفس الصدى لدى شيعة الخليج ؛ فقد نشر نفس الموقع بتاريخ الثالث عشر من فبراير عام 2011 خبر انتصار الثورة المصرية واستبشر به وقال عنه: "**تجلٍ من تجليات هذه السنة الكونية الإلهية**"، وقدم الموقع مقاربة عجيبة جاء فيها:

"لقد شاءت الإرادة الإلهية أن يتحقق انتصار الثورة المصرية في نفس اليوم الذي انتصرت فيه الثورة الإسلامية في إيران (10 شباط – فبراير)، ونقرأ في ذلك: أن هذين النصرين العظيمين اللذين اتحدا في التاريخ سيكونان في المرحلة المقبلة عنوانًا لوحدة الأمة أمام كل محاولات التفريق وشق الصف على أساس طائفي أو عرقي، لتكون الأمة كلها يدًا واحدة في استعادة عزتها وكرامتها، تتمثل موقع الأمة الوسط، وتقوم بصورة حضارية بدورها كخير أمة أخرجت للناس".

وكان نفس الموقع قد نشر لرئيس حزب الله، حسن نصر الله، تصريحًا بتاريخ 8 فبراير يقول فيه: إن الثورة المصرية "**ثورة حقيقية وطنية ومن نتاج إرادة الشعب**". كما اعتذر نصر الله لتأخر الوقفة التضامنية التي قال فيها هذه الكلمة، وقال إن: "التأخير لم يكن بسبب تردد أو تفكير أو تأمل أو حيرة؛لأن الأحزاب المقاومة الوطنية في لبنان التي لها تاريخ من المقاومة

**والنضال ضد العدو الصهيوني لا تقف على الحياد عندما يكون الصراع بين الحق والباطل**".

لكن ما أن اتجه **الربيع العربي** لسوريا ، حتى تغيرت المواقف. فالمناضلون العرب أصبحوا في سوريا إرهابيين ، ودعم الحق على الباطل أصبح شعارًا للمحافل لا يمكن تطبيقه على الأرض السورية ، كما لم يكن للسوريين وقفة تضامنية كتلك التي حظي بها التونسيون أو المصريون. فقد كتب السيد أحمد الماجد في نفس الموقع بتاريخ الثامن من شهر يونيو عام 2011 عندما كانت الثورة السورية في بداياتها ، وقبل أن يدخل فيها أي طرف آخر ، مبررًا موقف **حزب الله** في سوريا الذي تخلى عن شعاراته وأصبح يتحدث عن المصالحة ابتداءً ثم شارك في مواجهة إرادة الشعب السوري لاحقًا. وساق السيد أحمد المبررات المستهلكة التي قدمها حزب الله ، والتي تقحم إسرائيل في كل شأن للثورة السورية ، وختم مقاله قائلًا:

"**وبغض النظر عن جدوى مبدأ التسامح الذي كثيرًا ما انتهجه سماحة السيد نصر الله مع خصومه في الداخل والخارج لمصلحة الأمة حسب تقديره، أجد من الظلم أن تنسب تهم سلبية للسيد وأن يعتبِرَه البعضُ شريكًا في إراقة الدم السوري فقط لأنه نادى بالإصلاح والمصالحة. لا بد أن نقرأ نصر الله قراءة**

لا تلغي البعد التاريخي لهذا الرجل الذي لم يكن يومًا إلا رجل أمة لا رجل طائفة".

- 3 -

وقدم **موقع جهينة الإخبارية** (المحجوب في السعودية) قراءة مماثلة للأحداث ؛ فالربيع العربي مثّل ابتداءً الثورة الرمزية ضد الظلم والطغيان عندما كان في تونس. وقد قمت بتصوير أجزاء من المقالات لمن لا يستطيع تجاوز الحجب.

وككل **المواقع الشيعية**، قدم موقع جهينة الحراك في البحرين ومنطقة القطيف كنضال يستوجب أوسمة الشرف، والمناضلون في البحرين والقطيف أحرار يواجهون سلطات قمعية لا ترحم.

بينما قدم هجوم داعش على الموصل كنقطة سوداء في تاريخ سنة العراق متجاهلًا صراع العشائر السنية مع النظام العراقي، واتهم كل من يؤمن بغير ذلك بالسفهِ والتلاعب بالعقول. فقد قدّم الكاتب حسين العلق في تناقض صارخ بأن ما يحدث في الموصل "**هجمة إرهابية**"، ثم يقر بأن مناطق شاسعة من العراق انتفضت ضد سياسات المالكي.

وورد في موقع مرآة البحرين استياءٌ شديدٌ من وصف الحراك في البحرين بالإرهاب وحشد القوة لمواجهته من البحرين والدول العربية المجاورة.

إلّا أن جولة سريعة في نفس الموقع كشفت لي هذا التقرير الذي يدين دعم السنة البحرينيين لكتائب الثوار في سوريا، ويتهم جميع كتائب الثورة بأنها جماعات متطرفة.

- 4 -

أما أبرز رموز الشيعة من الكتّاب والحقوقيين، فقد تفاوتت مواقفهم واختلفت وإن كان الأغلب لا يخرج عن دائرة المفهوم الشيعي العام في التعاطي مع أي حراك سني.

الباحث البحريني المعروف نادر المتروك ينشط في نقل الحراك البحريني والقطيفي عبر حسابه في تويتر ويزعجه كثيرًا القمع والقوة المستخدمة ضد المعتصمين والناشطين، ويبدو أن أي نقد يوجه إلى رئيس الوزراء العراقي السابق نوري المالكي يزعجه أيضًا؛ فقد شكل جبهة مضادة للهجوم على المالكي من خلال الرد على من ينتقد سياساته الرعناء في العراق.

الحقوقي السعودي وليد سليس الناشط في مجال حقوق الإنسان يرى أن الثورة العراقية هي في مجملها داعش، نافيًا وجود حراك شعبي سني في العراق.

كما يجد سليس مبررًا للميليشيات الشيعية التي تقتل في سوريا وهو مواجهة داعش وجبهة النصرة، معتمدًا على موقف الحكومة السعودية (التي تحاكم زملاءَه في محاكم الإرهاب) من هذه الجماعات.

كما يشكك سليس في كل من تعاطف مع الحراك في العراق وسوريا، ويتهمهم بدعم داعش وباستباحة الدماء.

تواصلتُ مع وليد وطرحت عليه عدة تساؤلات، ففضّل تجاهلها وعدم الرد عليها.

في ساحات البحرين، وقف أبرز رموز المعارضة رافعين شعارات تدين الظلم والتهميش والديكتاتورية، وترفض التهم التي تروجها الحكومة البحرينية على حراكهم ومطالبهم، لكنهم أجمعوا بشكل شبه كامل على تأييد بشار الأسد وتجريم الثورة السورية وترويج ذات التهم التي تتهمهم بها الحكومة البحرينية ضد الثوار السوريين. العجيب أن كل هؤلاء يعمدون إلى نشر تقارير منظمات دولية كمنظمة العفو الدولية والهيومان رايتس وواتش وصحف غربية عن الحراك البحريني، لكنهم يغضون النظر عن تقارير صادرة من نفس المنظمات والقنوات لتوثيق جرائم النظام السوري والميليشيات الشيعية ويستمرون في المكابرة وتسمية الحراك السوري بالإرهاب.

يحيى الحديد أحد الناشطين البارزين في الساحة البحرينية ، يرى أن الحوثيين وحزب الله فقط هي الأحزاب الراقية والواعية في العالم العربي.

ويتعجّب الحديد من الطائفية والمبررات التي يقدمها بعض المثقفين لقتل كلّ مَن يختلف عنهم في المذهب ، وكيف يمكن أن يطالب أحدهم بقمع شخصٍ ما لمذهبه.

غير أنّ ثورة السوريين لا تعدو كونها صراعًا إرهابيًا تموله العدوتان السعودية وقطر ، ويخدم إسرائيل.

يذهب الحديد لأبعد من ذلك فيصف انتصار غزة بأنه انتصار صفوي إيراني.

سألت الناشط يحيى الحديد عن رأيه في **الربيع العربي** فقال:

**"لا نستطيع أن نتحدث عن ربيع عربي مالم تتحقق طموحات الشعوب في نيل الديمقراطية، وما تعرضت له بعض الثورات العربية ساهم في تقويض هذا المصطلح وتحويله من ربيع إلى خريف، مسار التحولات لن يتوقف ولكن تم محاصرة العديد من الثورات".**

وحول ما إذا كان الربيع قد مرّ بسوريا والعراق كغيرها من البلدان العربية ، يقول الحديد:

"لنكن واضحين، لا ربيع في العراق أو في سوريا، من يريد أن يصف المجموعات الإرهابية من قاطعي الرؤوس بأنهم مشروع لربيع سوري فهو يغرق في الوهم، أما العراق فالجميع منخرط في العملية السياسية ويعملون على ممارسة التغيير من خلال التداول السلمي للسلطة".

وحول الربيع العربي في الخليج، وما إذا كانت ملكيات الخليج محصنة يؤكد الحديد:

"أما الخليج، فقد مرت به الرياح، ولأني معنيّ بالحالة البحرينية، فسأشير للثورة المنسية التي تسببت السلطة لتجنب استحقاقات التغيير بتدويل الأزمة السياسية. والبحرين تشكل الحالة الأولى للربيع داخل الملكيات، فما حدث كان داخل الأنظمة الجمهورية".

سألته أخيرًا ما الذي يجعل الحديد مؤمنًا بأن السوري لا يحلم كما يحلم هو ورفاقه في البحرين بالديمقراطية والعدالة؟ فقال:

"السوري كما البحريني يحلم بالعدالة والحرية، لكن ما تعرضت له سوريا من مؤامرات أحبط هذا الأمل بالحرية والديمقراطية، وتحول هذا الربيع إلى خريف استنزف الشعب السوري وقضى على ثورته السلمية، وتم توظيف الشعب السوري

في مشروع أممي لمصالح أجنبية وأجندة خارجية لا تتقاطع مع مصلحة المواطن السوري الحالم بالحرية والديمقراطية".

فقلت له: أليس من واجبنا إذًا دعم مطالب السوري العادلة وأن لا نكون نحن والأمم ضده؟

ففضل الحديد عدم الرد.

المدون الكويتي فراس الخورشيد يغرد كما الآخرون عن الإنسانية التي يرى أنها ليست شعارات وأنها تقتضي العدالة.

لكن هذه التغريدة مجرد شعار سقط عند الشعب السوري ليصبح ليس لهم حق كغيرهم بالمطالبة بحقوقهم؛ فالخورشيد لا يرى كأغلب الشيعة وجود ثورة سورية من الأساس.

يتهم الخورشيد الخليجيين بدعم الحراك السوري الذي يصنفه ككل شيعي على أنه إرهاب.

ثم يغرد في فضاء تويتر بحثًا عمّن يستطيع أن يجد له سبيلًا لدعم الحوثي.

ويجد بكل تأكيد مبررًا لأي أعمال عنف يرتكبها الحوثي ضد اليمنيين، بينما يبدو أن براميل الأسد ليست مقنعة ليتسلح في مواجهتها السوريون.

وعلى الصعيد العام، كان للمغردين الشيعة رؤية مقاربة.

نضال يدعو الله علنًا أن ينصر بشار.

وليد بو خمسين يرى أن الثورة السورية بدأت مسلحة ، ولم تكن سلمية إطلاقًا وهو مالم يصرح به النظام السوري نفسه ، أو فطاحل المدافعين عنه.

بينما يرى أن حراك الحوثي ثورة ينبغي الاعتراف بها ودعمها ، في تغريدة لمح فيها بتخوين جزء كبير من ثورات الربيع العربي وربطها — كديدن معظم الشيعة — بإسرائيل وأمريكا.

ويبارك المجتهد قتال حزب الله في سوريا الذي يدعي أنه يقاتل الإرهابيين بكفاءة أعلى من قوات التحالف.

أم أحمد قفزت مباشرة بعد دقائق من عملية مدرسة عكرمة إلى اتهام (الثورة السورية) بأنها المتسببة في هذه العملية ، ووضعت هذا الاستنتاج كمبرر لعدم وقوف الشيعة مع الثورة السورية التي انطلقت قبل ثلاث سنوات من الحادثة.

ويقحم معظم المغردين الشيعة مقارنة بين الحراك في القطيف والحراك السوري والعراقي ، مصرّين على وصف الأول بالثورة والثاني والثالث بالإرهاب.

أبو إياد لا يتورّع عن قذف وسبّ كل سني يناقشه ، تجولتُ كثيرًا في تغريداته ووجدت بصعوبة هذه التغريدة (التي تخلو من الألفاظ غير اللائقة) وتتهم (كل) السنة بالتعاطف مع داعش.

وقامت قنوات شيعية بتعزيز هذه النظرة المزدوجة من خلال طرح متضارب للحراك في العراق وسوريا مقابل ذلك الموجود في البحرين وشرق السعودية، كقناة المنار ونبأ والميادين.

أطلقت قناة الميادين كذبة "**جهاد النكاح**" التي اجتزأت فيها مقطعًا قديمًا لمجاهدة شيشانية وادعت أنه لفتاة تونسية ذهبت لتمارس جهاد النكاح بفتوى لم يتمّ عرضها لا صوتًا ولا صورة للشيخ محمد العريفي.

بعض الشيعة استمرأوا الكذب فيما يخص الثورة السورية، وأصرّوا على نشر الكذبة مع تغيير المصدر من حين لآخر إلى أن وصل بهم الحدّ للادعاء بأن بعض المشايخ أباحوا نكاح الأخت.

يدخل معظم الشيعة في حالة إنكار جماعي لأي جرائم ترتكبها الميليشيات الشيعية، ويحاولون نسبة الجريمة إلى أطراف أخرى؛ رغم أنّ منظمات عالمية معروفة كالعفو قد أصدرت بياناتٍ حول هذه الجرائم كهذا البيان الصادر حديثًا.

لقد كانت مجزرة ديالى التي ارتكبتها عصائب أهل الحق الشيعية بحق 79 مصليًا سنيًّا جريمة مروعة، استنكرتها جميع المنظمات والهيئات الحقوقية المستقلة ولم تصدر ميليشيا العصائب إطلاقًا نفي رسمي لما حدث، إلا أن بعض الشيعة استمروا في إلصاقها بداعش.

كما قامت جهات شيعية بإقحام شعار داعش بين صور شهداء أحرار الشام الذين استشهدوا في عملية غامضة يرجح أن تكون داعش متورطة فيها ، وبعضهم يقود كتائب تقاتل في الجيش السوري الحر قبل دخول داعش بسنوات. علمًا بأنّ أحرار الشام خاضوا معارك شرسة ضد داعش ، واستبشر الدواعش باستشهاد قادتهم واعتبروه انتصارًا لداعش

غير أنّ هناك بعض الأصوات التي انبرت للشعارات التي تحملها لتجعلها واقعًا وتقف مع الحق ، أينما كان بغض النظر عن هُوية من يطالب به.

فقد كان لآل الخواجة مواقف جيدة من الحراك السوري ، وقد دخلت السيدة مريم الخواجة ووالدتها خديجة الموسوي والناشط يوسف المحافظة في إضراب عن الطعام تضامنًا مع أطفال سوريا ، كما وردَ في هذا الرابط اليتيم الذي وجدته أثناء بحثي وأكد يوسف المحافظة لأحد الزملاء صحّة هذا الخبر.

كما كانت معظم المواقف المعلنة لعبد الهادي الخواجة وأفراد أسرته داعمة لكلّ حراك شعبي ضدّ أيّ مستبد ، حتى لو كان الأسد.

كما أعلن الشيخ نمر النمر صراحةً في الخطبة الشهيرة التي سُجن بسببها أنّ الأسد طاغية كغيرهِ ، وأنّ الوقوف في وجهه واجبٌ.

ومن الأصوات المعتدلة أيضًا الدكتور توفيق السيف ، وهو إصلاحي سعودي معروف وباحث في العلوم السياسية. يرى أن معركة السوريين مع النظام السوري هي لأجل مطالب عادلة ، ويختلف مع صبغها بطابع مذهبيّ لتصبح صراعًا بين السنة والشيعة ، كما يصور رجال الدين من كلا الطرفين. كتبَ الدكتور توفيق لصحيفة الاقتصادية بتاريخ 10 إبريل 2012 مقالًا جاء فيه:

**"الثورة السورية، مثل نظيرتها في تونس وليبيا ومصر واليمن، حركة شعبية همها الأول والأخير تمكين أهل البلد من إصلاح بلدهم وتقويم اقتصاده وإدارته، وتحريك عجلة النمو التي توقفت أو تعثرت بسبب الفساد واستئثار أقلية صغيرة بالقرار والثروة ومصادر القوة. بعبارة أخرى، فإن الشعب السوري يحاول الانفلات من تاريخ القهر والتفرد والاستبداد".**

ولا يجد السيف حرجًا في الاعتراف بالثورة السورية ورموز المعارضة ، بل الثناء عليهم أحيانًا. فقد كتب لنفس الصحيفة بتاريخ 17 يوليو 2012 مقالًا جاء فيه:

**"إني واثق بوعي قادة الثورة السورية – بعضهم على الأقل – بهذا المشكل. قدم الدكتور برهان غليون معالجات تحليلية متقدمة تنبئ عن إدراك عميق لجذور المسألة الطائفية في العالم العربي، ولا سيما في بلد مثل سورية. كنت أتمنى أن يبقى زعيمًا للمعارضة، لأن كتاباته تنبئ عن استعداد ذهني**

وروحي للتعاطي مع الجميع بمنطق الشراكة في تراب الوطن وليس منطق حكم الأكثرية أو الأقلية".

يتعاطى الدكتور السيف مع حقيقة وجود إرهاب شيعي وسني بلا تحيّز عبر حسابه في تويتر، فقد كان من أبرز الأسماء الشيعية التي نددت بمجزرة ديالى، مسميًا **"عصائب أهل الحق"** كمنفذ للعملية، كما حمّل الحكومة العراقية مسؤولية عدم ملاحقة هذه الميليشيا.

كما ينأى الدكتور توفيق بنفسه عن وصف أو اتهام جميع السنة بالدواعش، كما يفعل آخرون.

تواصلت مع الدكتور السيف وطرحت عليه تساؤلات حول الأسباب التي أدت إلى تطرف بعض الشيعة (وبعضهم حقوقي شهير في بلده) مع أي حراك سني، فأجاب:

"إن نظرية مذهبية الصراع نظرية خاطئة من الأساس. وليس صراعًا بين الاستبداد وشعوب تطلب الحرية كما تقولين. فالصراع في ليبيا الآن هو بين قوى مسلحة. الصراع في العالم العربي له دوافع اقتصادية وسياسية وهي تلبس عباءة الدين؛ لأنه لا يوجد إطار بديل. فالسني الذي ينطلق من عقيدة سلفية يرى أن كل من يتحرك فهو يتحرك بالضرورة لدافع عقائدي، وهذا غير صحيح".

وعن المنطلقات التي ينطلق منها متطرفو الشيعة في رفض الحراك السني، يقول الدكتور السيف:

"المشكلة أنّه عند الانقسام السياسي، فإن كل طرف يستمع لنفسه ولا يستمع للآخر، وقت الانقسام يصبح كل شخص صدى لجماعته؛ فمن الخطأ أن تسأله عن مبرراته أو دوافعه".

وحول الحلول التي قد تخرج المنطقة من هذه الأزمة الطائفية، يقول د. السيف:

"هناك حل من جانبين، أولهما: تغيير مصدر الحق. فمن يتشارك معك الأرض هو شريك له حقوق سياسية ولا تستطيع فرض آرائك عليه لتكون أنت فقط مصدر الحق. وثانيهما: هو نشر فكرة التسامح، ولا أعني بها حسن الخلق كما يظن البعض؛ بل أنْ أتسامح مع وجود الآخر وأُقر بحقّه أن يكون ما يشاء ويفكر كما يشاء كما تحبّ أنت أن تكون كذلك. إذا كان موقف الشخص لم يؤدّ بضرر مباشر لك فينبغي ألا تصادر حقه في ذلك، يجب أن نقر لبعض بالحق في الاختلاف".

وحول الحلول التي ينبغي أن يكون للسلطة السياسية دورٌ فيها، يقول الدكتور السيف:

**"الهوية الوطنية المرتبطة بالأرض وليست المرتبطة بالدين قد تكون حلًا، شريطة ألا تكون نقيضًا للقبيلة والإقليم أو المذهب. كما ينبغي أن يتم وضع قوانين لمن يحشدون للكراهية ويكون رأيهم مؤثرًا، بحيث تُوقع عليهم عقوبات معينة يقرّها القاضي. وهذا لا يتعارض مع حرية التعبير في رأيٍ ما قد لا يكون مؤثرًا. ينبغي ملاحقة العبارات التي تنطوي على ضرر ملموس وتكون مقننة لدى القضاة بأحكام مناسبة".**

التزم بعض شيعة الداخل السعوديين الحديث عن الشأن المحلي، وتجنبوا تمامًا الحديث عن الشأن الخارجي كالأستاذ جعفر الشايب ومعظم تيار الشيخ حسن الصفار (المعتدل). وتبنى هذا الصف خطابًا داعيًا لتحصين الوطن من الداخل، وإصلاح الخلل داخليًا لتتمكن البلاد من تجاوز هذه المرحلة الحرجة.

كتب الأستاذ جعفر الشايب مقالًا في جريدة الشرق بتاريخ 17 يونيو 2014 بعنوان: "**أزمة النظام العربي**"، تطرّق فيه إلى الخلل الموجود في الأنظمة العربية عمومًا، مؤكدًا أنّ النظام العربي لم يتمكّن "**من تجديد شرعيته عن طريق مصادر أخرى كوضع دساتير مقبولة شعبيًا وعقد انتخابات دورية حرة ونزيهة وتطوير بنى الأنظمة السياسية كي توسع قدرتها على استيعاب مختلف المكونات**".

محمد الصادق وبدر الإبراهيم هما أبرز الأسماء الشابّة من الكتّاب الشيعة وهما اللذان يرفضان ابتداءً تعريفهما كشيعة ، ويفضلان تقديم نفسيهما ككاتبين قوميين عروبيين.

كتب الكاتبان الشابان كتابًا بعنوان: "**الحراك الشيعي في السعودية**" بموضوعية عالية ، وتجرّدا لنقل تاريخ الحراك الشيعي دون تزييف لصالح أو ضد الشيعة في كتاب صدر عام 2013م ، عن الشبكة العربية للأبحاث والنشر.

قدّم الصادق والإبراهيم في الفصل الأخير من كتابهما ما أسمياه (الحل الوطني) الذي يلخصانه بضرورة أن تبني الدولةُ الأمةَ الوطنيةَ "**عبر التخلي عن هوية الدولة المذهبية، واستبدال أخرى بها جامعة لكل المواطنين. وهذه الهوية الجديدة بحاجة إلى نقاش معمق، مع تصورنا أن الهوية العربية بصفتها رابطة ثقافية بين أبناء المجتمع (وليست رابطة دم أو عرق) والتي تقوم على أساس المشترك الثقافي واللغوي، هي الأقدر على إيجاد مظلة مشتركة مقبولة لحل الأزمة الطائفية**".

يؤكد بدر الإبراهيم أن إيران وتركيا تعملان على بسط نفوذهما في المنطقة ، مستغلتين حالة الفوضى والفراغ التي تركها سقوط الأنظمة العربية السابقة. فقد كتب في مقال نُشر في موقع الجزيرة بتاريخ 22 مارس 2012 حول هاتين القوتين الإقليميتين معترفًا صراحةً بدعم إيران للنظامين السوري والعراقي:

"لكن إيران تغفل تنامي الحالة المذهبية في العالم العربي بما تحمله أيضًا من عداء تجاهها بدأ مع دورها المزعج في دعم الحالة الطائفية في العراق، واشتدت حدته مع موقفها من الثورة السورية، ويبدو أن إيران في الوقت الحالي تحتفظ فقط بمكاسبها الشيعية في حين تخسر كثيرًا في الوسط السني".

كما كتب الإبراهيم للعربي الجديد مقالًا بعنوان: "الأحزاب الشيعية وتكريس الطائفية في العراق"، نُشر بتاريخ 16 يونيو 2014، فند فيه أكاذيب الأحزاب السياسية الشيعية في العراق التي تصر على الهيمنة على الحكم:

"تستخدم الأحزاب الشيعية حججًا متهافتة لإثبات طائفية نظام صدام، مثل القول إنه قتَل عديدين من علماء الشيعة، بينما تثبت الوقائع أنه قتل المتمردين منهم على حكمه، فيما لم يمس علماء شيعة آخرين لم يعارضوه. كذلك، فإن منع بعض الطقوس الشيعية كالتطبير (ضرب الرأس بالسيوف والآلات الحادة) لم يكن استهدافًا للتشيع، بل مُنِع لقناعة النظام بأن هذه مظاهر (غير حضارية)".

عبر الإبراهيم عبر حسابه في تويتر عن رفضه للاستبداد بنفس الدرجة التي يرفض بها داعش وأي تدخل أجنبي في العراق.

كما انتقد بشدة رئيس الوزراء العراقي السابق نوري المالكي عندما لهث طالبًا تدخل الولايات المتحدة أثناء حكمه.

كما كتب محمد الصادق للعربي الجديد مقالًا بعنوان:
"**العراق إلى نظام ولاية الفقيه**" بتاريخ 2 سبتمبر 2014، انتقد
فيه نظام المحاصصة الطائفية في العراق وافتتحه بوصف الحال
العراقي مع هذا النظام:

"**الحال في العراق، بعد ترسيخ نظام المحاصصة
الطائفية، أن كل طائفةٍ حصلت على نسبتها في السلطة،
الموافقة لنسبتها الديموغرافية. بُني هذا النظام على أمل أن
يؤدي هذا التقاسم للسلطة إلى إرضاء الجميع واستقرار العراق،
بعد أن عاث فيه المحتل فسادًا، لكن النتائج كانت كارثية على
الجميع، بمن فيهم الشيعة الذين حكموا العراق الجديد**".

وكتب للتقرير معبرًا عن الأزمة التي يمر بها مثقفٌ شيعي
كالصادق مقالًا بعنوان: "**(المثقف الشيعي) والموقف من طبقة
الأوزون**" نشر بتاريخ 28 أغسطس عام 2014، جاء ضمن المقال
ما تقوم به طائفته "الشيعية" كما الطوائف السنية بما سماه
"**استحلاب موقفه**" من كل قضية:

"**على الجانب الآخر من قصة ما يُسمى بـ"المثقف
الشيعي"، أو الصورة غير المرئية بالنسبة لكثيرين، حيث يقف
على أعتاب "جنة الطائفة"، يتربصُ به شبيحتها، في محاكمة
شبه يومية على عدم انسجام مواقفه مع مواقف "الكتلة**

المذهبية"، في انتظار لحظة تنفيذ حكم الطرد من رحمة الطائفة".

وعبر حسابه في تويتر، أدان الصادق الميليشيات الشيعية التي ترتكب جرائم في العراق.

كما كتب أثناء حرب غزة معريًا تناقضات محور الممانعة.

سألتُ الصادق عن الهوية القومية ودورها في تحجيم الصراع الطائفي فأجاب:

"نحن نعتقد بأن الهوية العربية هي الهوية الأنجع والأقدر على لمّ شتات الأمة العربية، ومنع احتراب الجماعات المذهبية وتفكك الدول العربية كما هو حاصل في الهلال الخصيب اليوم، لهذا نحن نعمل على تعزيز الروح القومية في الوطن مقابل الطوائف".

وعن رؤية الصادق للصراع في سوريا يقول الصادق:

"إذا ما أردنا الحديث عن الوضع في سورية والعراق فعلينا العودة لبداية الأحداث في كلا البلدين. في سورية على سبيل المثال، كانت هناك ثورة شعبية سلمية تنشد الحرية والكرامة والخبز، لكنها قُمعت بوحشية، فتحولت لحربٍ أهليةٍ، وقد ساعد التدخل الخارجي المباشر الغربي أولًا، قبل الإقليمي سواء من محور الاعتدال أو محور الممانعة ومن جميع الأطراف

على تعقيد الأزمة السورية أكثر. ونحن ننظر للتدخل في سورية كمادة للتعبئة الطائفية، وإن مشاركة تنظيمات شيعية أمر سيئ ومدان، وكذلك الأمر بالنسبة للتنظيمات الجهادية التي تقتل على الهوية، وإن على المثقفين أن يتعالوا على الانخراط في لعبة التلاوم الطائفي، وأن يعملوا على التخفيف من حدته".

وعن الضريبة التي يدفعها الصادق نظرًا لتمايز مواقفه عن أغلبية المجتمع الشيعي يعلق قائلًا:

"إنني أعتقد بأننا في السعودية أصبحنا نعاني من انقسام طائفي حاد لا يسمح بالتمايز عن الجماعة الوشائجية، وإن الجماعة المذهبية أصبحت تنظر للاشتراك المذهبي بأنه اشتراك في المصير، وعليه فإن أي مخالف لمذهب الجماعة قد يطرد منها، تمامًا كما كانت العشائر تفعل مع الأفراد الخارجين عن دينها في العصور الوسطى، وإن هذا ليس فقط بين عامة الناس، ولكنه وصل للنخبة الثقافية في البلد، والتي أصبحت لا تستطيع التفكير والتحليل خارج الثنائية المذهبية (سنة و/ شيعة)، لهذا تجد بعض المثقفين لا يبحث عن رأيك في الأحداث اليومية إلا حين يكون أحد الأحزاب الشيعية طرفًا فيها، وهو في قرارة نفسه لا يبحث عن رأي، بل يبحث عن موقف مطابق لموقفه، وقد وقع في هذا الفخ كتّاب كبار للأسف".

لكن التيار المعتدل من المفكرين والكتّاب الشيعة لا يروق للمتطرفين من الشيعة ، فيقفون لهم بالمرصاد عبر محاولة استنطاقهم بآراء مختلفة أو تحقيرهم وتسفيههم وشتمهم أحيانًا.

أما السيدة كوثر الأربش ، وهي كاتبة سعودية ؛ فقد اختارت الوقوف في وجه التيار مباشرة والبدء بعملية نقد شديد لبعض الأفكار المتغلغلة في الإرث الشيعي والتي يبني عليها معظم الشيعة مواقفهم. ترى الأربش أن مقابل السلفية السنية هناك سلفية شيعية يمتلئ تراثها بخطاب الكراهية والتكفير ومحاربة المخالف.

كتبت السيدة كوثر الأربش مؤخرًا مقالًا من وحي الصراع الحالي الذي جرف السنة والشيعة إلى معارك دموية طاحنة ، فتساءلت الأربش في صحيفة الجزيرة بتاريخ الأول من شهر سبتمبر من عام 2014: **"هل الميليشيات نبتة سلفية شيعية ؟"**، وكانت إجابتها من عمق الموروث السلفي الشيعي كما تسميه الأربش:

**"(تكفير المخالف وإباحة دمه) أو نفي الإيمان عن دافعي الولاية، كما يصطلح عليه السلفيون الشيعية. حتى ولو قيل بحيل المعتزلة في نفي التفريق بين الإسلام في الدنيا للمخالفين ونفي الإيمان عنهم في الآخرة. ومنها حيلة التصنيف (نواصب) لحصر التكفير في فئة من السنة وليس الكل. فإن**

تلك المحاولات الهزيلة لا تعالج ما يغص به الموروث الشيعي السلفي من تكفير دافع الولاية أو جاحد أحد الأئمة الاثني عشرة".

لا ترى الأربش فرقًا بين الطائفي السني والشيعي سوى في الجهر بها.

وتواجه السيدة كوثر نتيجة لذلك الكثير من الهجوم، وتتهم بمحاولة استرضاء الأغلبية السنية من سكان السعودية.

وينتقد بعض المغردين حتّى من السنّة كالمغرد عُدي طرحها الذي قد يسبب إشعال المزيد من نار الطائفية من خلال إبراز خطاب الكراهية في المذهب الشيعي ؛ ما يؤجج مشاعر السنة ويزيد من حدة التوتر.

تقول السيدة كوثر:

"النار الطائفية المستعرة اليوم ماهي إلا جمرة الأمس، لكن بعد نبشها من تحت الرماد، وإعادة إذكائها بما يناسب أجندات المنتفعين من شق الصف الواحد بين أخوة الدين والأرض. الأسباب الطائفية والسياسية جرّت إحداهما الأخرى في علاقة اشتراطية من الطرفين، وانجروا وراءها زرافات في احتراب طائفي لم يكن العراق أو سوريا واليمن اليوم آخر منتجاته، بل سيبقى طالما ثمة قوالب تحريض وتكفير جاهزة في الموروث

الديني يمكن أن تتخفى في قاعه أهداف الدول ذات الأطماع السياسية".

وحول اختيارها للوقوف في وجه التيار السلفي الشيعي كما تسميه ، تقول الأربش:

**"لستُ أول من بادر بالوقوف عند الموروث الشيعي وما يتضمنه من مدسوس وطالبت بتنقيحه والتوصل لأقرب صيغة إسلامية لا تتعارض وتعاليم القرآن وهو مصدر التشريع الثابت والأولي. الفارق في ما طرحته يتمثل في عدة أوجه؛ الوجه الأول هو كوني امرأة وهو ما أجج الاستعداء الذكوري الذي احتكر القيادة الدينية لدى غالب الطوائف الإسلامية. والثاني هو جرأتي على المساس بقدسية النص (المنسوب لأهل البيت وهم مصدر التشريع الشيعيالذي يعود مباشرة للنبي، حسب ما يرون). الوجه الثالث هو اختلاف البنية اللغوية للخطاب الثقافي والفكري عن الخطاب الديني الشاعري المفصل بمقاس الغبن الشيعي والمظلومية. هذا ما رفع معدّل الاصطدام بما اعتاده المتلقي من رتم تأجيجي".**

وعن كلفة هذه المواجهة ، تقول السيدة كوثر:

**"وبالطبع في كل حالات النقد للموروث الشيعي هناك تكلفة كُبرى لابد للمتجاسر على الخروج من صندوق المسلّم والمعتاد أن يتكبدها، كالإخراج من المذهب، التخوين، توتر**

العلاقات الاجتماعية، التكذيب، التضييق والإقصاء. وفي حالتي الخاصة، يمكننا أن نضرب تلك التكاليف بنفسها عشرات المرات للأسباب المذكورة سلفًا. فكوني امرأة ومن خارج الرواق الحوزوي وصل بالأمر للتهديد بالإيذاء الجسدي وقطع كامل لبعض علاقاتي الاجتماعية. وحري بي أن أقول إنني لا أعد ذلك خسارة على الإطلاق؛ لأن بعض الخسارات هي مكاسب في مضمونها القيّمي ومن زوايا أخرى".

وسألتها أخيرًا حول ما إذا كانت هناك بوادر تغيُر في الداخل الشيعي، فأجابت:

"ثمة صراع داخلي (شيعي – شيعي وسني – سني)، تدور رحاه على جميع الأصعدة الواقعية والافتراضية. ثمة حاجز نفسي انكسر مقابل صوت الموروث السائد أتاح للآراء المُحيّدة منذ سنين إطلاق اختلافها بقدر أقل من الرهبة السابقة، فظهرت محاولات فردية عميقة ومؤثرة سوف يتسع مداها في القريب لتصبح هي الصوت السائد بعد أن ينزوي صوت التطرف والغلو الذي احتل سيادة المجتمع الشيعي أطول مما يستحق".

وبعد هذه الجولة المعمقة في الداخل الشيعي، والتي لن تختلف كثيرًا لو قمت بأخرى مماثلة في الداخل السني؛ فإن السباحة في بحر الطائفية تؤدي حتمًا إلى الغرق في الدماء وإن تظاهر الشيوخ والمعممون بقذف أطواق النجاة لمن يقتحم هذا

البحر. لابد أن تعي الشعوب العربية أن معركتها ليست معركة مذهبية أو دينية ، ولكنها معركة قوى شر وشعوب طامحة للحرية. فبين سفاكي الدماء في النظام السوري ، العديد من السنة الذين يقمعون ويقتلون بدمٍ بارد لكي يتعلق بأستار القصر الرئاسي فلا يشاركه المستضعفون (سنة وشيعة) في خراج السرقات التي أدمنها لعقود.

لابد أن يدرك السنة والشيعة أن الأنظمة المسيطرة على المشهد العربي الآن هي من أغرقهم في الفوضى ، ولا يظنّن أحد أن دول الخليج أو إيران قد تقدم للثوار في بلدٍ ما قرابين الودّ والعطاء ؛ فالدول التي عجزت عن تحقيق العدالة بين ظهراني شعوبها المتواجدة في بقعتها الجغرافية ، لن تهدي النعيم لشعوب مسحوقة في بقعة أخرى من العالم.

إن أنظمة الخليج التي تتشدق بدعم ونصرة المذهب السني والنظام الإيراني الذي يقدم نفسه راعيًا للمذهب الشيعي ، ستسحق حتمًا من يحاول أن يخرج عن مخططاتها ، ولا أدل على ذلك من تواطؤ دول الخليج على قمع الإخوان (السنة) في مصر ، وقمع إيران للمرجع الصرخي (الشيعي) في العراق عندما اختار كلاهما أن يقول نعم للحرية ولا لوصاية الملالي أو الشيوخ.

فهل يعي السنة والشيعة هذه الحقيقة قبل فوات الأوان؟([20])

## المشكلة الشيعية في السعودية

## هل يحي اعتقال النمر ربيع الثورة في السعودية؟

### قمع الشيعة جزء من شرعية النظام السعودي

**توبي ماتيسن**

خلال الأشهر الأخيرة ، قتلت قوى الأمن في شرق المملكة العربية السعودية سبعة من المواطنين الشيعة بالرصاص وجرحت عدّة عشرات ؛ فيما تبقى تفاصيل إطلاق النار غامضة ، وتدعي وزارة الداخلية أنّ الأشخاص الذين تعرضوا لإطلاق النار

---

([20]) الرّبيع العربيّ بعيون (شيعة الخليج) – تقرير – بسمة حجازي – جريدة التقرير – 14 / 11 / 2014 – الرابط:

http://altagreer.com/%D8%AA%D9%82%D8%A7%D8%B1
%D9%8A%D8%B1/%D8%A7%D9%84%D8%B1%D9%91%D8%A8
%D9%8A%D8%B9-
%D8%A7%D9%84%D8%B9%D8%B1%D8%A8%D9%8A%D9%91-
%D8%A8%D8%B9%D9%8A%D9%88%D9%86-
%D8%B4%D9%8A%D8%B9%D8%A9-
%D8%A7%D9%84%D8%AE%D9%84%D9%8A%D8%AC

كانوا يهاجمون قوى الأمن، وتلى مقتل المتظاهرين احتجاجات حاشدة في مراسم جنازة المتوفين. ليست هذه الأحداث إلا التطوّرات الأخيرة في نضال السعوديين الشيعة الذي استمر لعقود واتخذ طابعاً ملحاً جديداً في ظل انتفاضات 2011 الإقليمية. لكنّ وسائل الإعلام الرئيسية تجاهلتها إلى حدٍّ كبير. لقد أذكت أحداث الربيع العربي التوترات قديمة العهد في المحافظة الشرقية في السعودية.

بعد ثلاثة أيام من بداية الاحتجاجات واسعة النطاق في البحرين في 14 شباط/ فبراير 2011، بدأت الاحتجاجات في المنطقة الشرقية التي تبعد مسافة نصف ساعة بالسيارة، عبر جسر ممتد من البحرين. وليس من المستغرب، ربما، أنّ وزارة الداخلية السعودية وعدت بسحق الاحتجاجات (بقبضة من حديد)، وأطلقت حملة تشويهٍ إعلامي على الاحتجاجات، وعلى الشيعة عموماً. وفي حين بدأت الاحتجاجات بالهدوء خلال فصل الصيف، انفجرت مجدداً في تشرين الأول/ أكتوبر، وأصبحت أكبر حجماً منذ ذلك الحين، ما أدى إلى ردٍّ أكثر صرامة من أي وقت مضى من قبل قوى الأمن.

يمثّل هذا الرد القمعي، والخطاب المتميز الذي يذكّر بخطاب نظام بشار الأسد في سوريا، تحديًا خطرًا للسياسة الخارجية السعودية الحديثة؛ فاحتجاجات الناس في المنطقة

الشرقية شرعية بقدر الاحتجاجات في سوريا ، وإن لم تستجب المملكة العربية السعودية إلى دعوات الإصلاح على الصعيد المحلي ، فكيف تستطيع أن تدّعي بنحو جدي أنّها ستهبّ للدفاع عن الديموقراطية في سوريا ؟ لقد أسهمت التدابير الأمنية الصارمة في المملكة العربية السعودية والبحرين في إعطاء النظامين الإيراني والسوري ، فضلاً عن الحركات السياسية الشيعية في لبنان والعراق ، استراتيجية خطابية مفيدة لصدّ خصومهم الإقليميين.

## منطقة النفط : تمييز طائفي وقمع

تضم المنطقة الشرقية معظم نفط السعودية تقريبًا ، وتؤوي أقلية شيعية كبيرة ، تُقدَّر بما بين مليون ونصف ومليونين نسمة تقريباً ، أو نحو 10 في المئة من مجموع مواطني المملكة العربية سعودية. لقد نمّى المذهب الوهابي المتفرع عن الإسلام السنّي الذي ترعاه الدولة عداءً خاصاً تجاه الشيعة. بالمقابل ، لطالما اشتكى المواطنون السعوديون الشيعة من التمييز ضدهم في ممارسة شؤونهم الدينية ، كما في الوظائف الحكومية ، ولطالما عانوا من التهميش عموماً.

طوال عقود ، رفعت المجموعات المعارضة التي تتألف من أفراد سعوديين شيعة ، يساريين وإسلاميين ، إلى جانب مئات العرائض التي قدمها وجهاء الشيعة ، المطالب نفسها: وضع حدّ للتمييز الطائفي في التوظيف والتمثيل الحكومي في القطاعات

الأساسية في الدولة ، بما في ذلك على المستوى الوزاري ؛ إنماء أكبر للمناطق الشيعية ؛ تعزيز السلطة القضائية الشيعية ؛ ووضع حد للاعتقالات العشوائية بحق الشيعة لأسباب دينية أو سياسية. لن تؤدي أي من هذه المطالب إلى تقويض مكانة الأسرة المالكة إلى حد كبير ، أو إلى تهديد سلامة المملكة العربية السعودية ، بل على العكس ، ستعزز النظام السياسي الحالي وتشتري ولاء مليوني شخص ممن يتحكمون بقطاع النفط في المملكة.

منذ العام الماضي ، تضمنت المطالب أيضًا إطلاق سراح أو إعادة محاكمة تسعة سجناء سياسيين شيعة وانسحاب القوات السعودية من البحرين ، أو على الأقل إيجاد حل تفاوضي للنزاع هناك ، إلى جانب إصلاحات سياسية أكثر شمولية في المملكة العربية السعودية. وعدت الحكومة نشطاء شباناً بأنّ شكاويهم ستُعالج في نيسان / أبريل 2011 ، فأوقف هؤلاء احتجاجاتهم استجابة لدعوة من كبار رجال الدين السعوديين الشيعة. لكنّ الحكومة لم تنفّذ وعودها ، بل ردّت بالقمع في فصل الصيف ، رغم أنّها أطلقت سراح بعض السجناء الذين أوقفوا خلال الاحتجاجات الممتدة من شباط / فبراير إلى نيسان / أبريل 2011.

وبناء على ذلك بقي الوضع متوتراً. وعندما قُتِل أربعة أشخاص شيعة بالرصاص في تشرين الثاني / نوفمبر ، تحوّلت مراسم جنازتهم إلى تجمعات حاشدة مناهضة للحكومة ضمّت مئة

ألف مشاركٍ تقريباً. دفع إدراك هذا التمييز المنهجي بعض السعوديين الشيعة إلى تبني إيديولوجيات ثورية على مرّ العقود. فيما لا تزال المجموعات الموالية لإيران حاضرة في صفوف الخليجيين الشيعة، وهي ليست الأكثر نفوذًا في ما بين السعوديين الشيعة، وقد تخلّت إلى حد كبير عن العنف باعتباره أداة سياسية، وذلك منذ منتصف التسعينيات على الأقل.

## التجربة تقول: القمع ليس حلاً!

لكنّ رد المملكة العربية السعودية القمعي على تلك الاحتجاجات، وسياسة عدم تقديم أي تنازلات، توفّران أرضاً خصبة للمجموعات المعارضة في المستقبل. بالتالي من المحتمل كما يبدو أن يتكرر السيناريو السياسي الذي اتبعه الشيعة منذ ما بعد 1979، عندما غادر مئات الشبان الشيعة البحرين والناحية الشرقية من المملكة العربية السعودية، ليصبحوا ناشطين في حركات ثورية إقليمية.

فيما لم تحظَ الاحتجاجات في البحرين، وبخاصةٍ في القطيف، إلا باهتمامٍ محدود من القنوات الخليجية مثل **الجزيرة والعربية**، يُضطر الشيعة في هذه المناطق إلى مشاهدة **قناة العالم** المدعومة من إيران، والناطقة باللغة العربية، أو **قناة المنار** اللبنانية التابعة لحزب الله، أو **قناة أهل البيت** التلفزيونية العراقية، أو غيرها من القنوات الموالية للأسد، وذلك لمعرفة آخر

تطورات الوضع في منطقتهم. لقد تحوّلت الحرب الباردة الجديدة في الشرق الأوسط إلى حربٍ إعلامية مكتملة، تُصنَّف وسائل الإعلام في إطارها بأنّها إما مؤيدة للاحتجاجات في البحرين والقطيف ولنظام الأسد، وإما مؤيّدة للاحتجاجات في سوريا وضد الاحتجاجات الطائفية المزعومة في البحرين والقطيف.

ليس الوضع بالنسبة إلى السعوديين الشيعة في المنطقة الشرقية بالأمر السري. في هذا السياق، يورد التقرير السنوي الصادر عن وزارة الخارجية الأميركية، والمقدّم إلى الكونغرس بشأن الحرية الدينية خلال النصف الثاني من 2010، أي الفترة التي سبقت مباشرة الربيع العربي، اعتقالات تعسفية، إغلاق مساجد، واعتقال مصلّين شيعة. وقد كشفت البرقيات الدبلوماسية الأميركية التي نشرتها "ويكيليكس"، أنّ دبلوماسيين أميركيين، وبوجه الخصوص الموظفين العاملين في القنصلية الأميركية في الظهران، يملكون كمًّا هائلاً من المعلومات عن الجماعات الشيعية المحلية، ويبدون شبه مهووسين بالشكاوى التي يعدّونها شرعية. لكن المشاكل المحددة للسعوديين الشيعة لا تُطرَح غالباً في الاجتماعات الرفيعة المستوى مع مسؤولين سعوديين.

لا يُعزى ذلك إلى التحالف الوثيق بين السعودية والولايات المتحدة فحسب؛ فالأميركيون يتشاركون أحياناً الشكوك التي

تتغلغل في بعض الأنظمة المتحالفة معهم، بشأن شيعة الخليج. ترتبط هذه الشكوك جزئياً بإيران، لكنّ جذورها تمتد أيضاً إلى تفجير أبراج الخبر في 1996 الذي أودى بحياة 19 جندياً أميركياً. ومنذ 1996، اعتُقِلَ تسعة سجناء شيعة لانتمائهم المزعوم إلى حزب الله – الحجاز، وتورطهم في التفجيرات. لقد أُدينوا في الولايات المتحدة في 2001، لكن بما أنّ أولويات السياسة الخارجية الأميركية تغيّرت بعد 11 أيلول/ سبتمبر أصبح هؤلاء (منسيّين)، وهو الاسم الذي يُعرفون به في صفوف السعوديين الشيعة. تلمّح لائحة الاتهام إلى تورط **حزب الله** اللبناني وإيران، لكن لم يُكشَف علانية عن أي دليل. في تلك الفترة، دعا بعض الأميركيين إلى الانتقام من إيران رداً على التفجيرات. لكن بعد 11 أيلول/ سبتمبر، بدأت أصابع الاتهام توجَّه إلى تنظيم القاعدة بصفته متورطاً في اعتداءات الخبر، ما طرح تساؤلاتٍ عن إدانة هؤلاء السجناء الشيعة.

أسهمت السريّة التي لفّت هذه القضية في إرساء جوّ من عدم الثقة تجاه الدولة، والشك من جهة أفراد أسر المعتقلين والجماعات السعودية الشيعية على نطاق أوسع. تبنى المحتجون السياسيون الشيعة هذا العام قضية السجناء التسعة. فقد رُفِعَت صورهم في تجمعات تطالب بالإفراج عنهم؛ وكان لأفراد عائلاتهم دوراً بارزاً. لقد كانوا موجودين في حملة احتجاج جرت تزامناً أمام

وزارة الداخلية في الرياض من قِبَل أفراد عائلات السجناء السياسيين الذين اعتُقِلوا بسبب الاشتباه في انتمائهم إلى تنظيم القاعدة. لكن بخلاف هؤلاء السجناء، لا يستطيع السجناء الشيعة يوماً أن يأملوا الخضوع لـ(إعادة تأهيل)، في إطار أحد البرامج الحكومية الهادفة إلى اجتثاث التطرف التي يُعلَن عنها كثيراً. وبالتالي تبدو المطالبة على الأقل بمحاكمة علنية أمراً مبرراً، وهي خطوة أيّدتها مراراً وتكراراً هيومن رايتس ووتش ومنظمة العفو الدولية. لكن يبدو أنّ محاكمة مماثلة لم تُدرج على أجندة السياسة الخارجية للولايات المتحدة.

من خلال تصرّف القيادة السعودية، يمكن الاستخلاص أنّ قمع الشيعة جزء أساسي من الشرعية السياسية للنظام في السعودية. لا تريد الحكومة تغيير وضع الشيعة، وتستغل الاحتجاجات الشيعية لإخافة السُّنّة من استيلاء الإيرانيين على حقول النفط، بمساعدة الشيعة في تلك المنطقة. طوال أشهر، رُوِّج لسيناريوات مماثلة في وسائل الإعلام التابعة لمجلس التعاون الخليجي، وذلك على حساب جعل الانقسام الطائفي في دول الخليج أعمق. يُذكر في هذا السياق أنّ تدخّل مجلس التعاون الخليجي في البحرين أدى إلى تدهورٍ شديدٍ في العلاقات الطائفية في الخليج وخارجه لتصل إلى مستوياتٍ لم نشهدها منذ الثورة الإيرانية.

بيد أنّ هذه الطائفية السعودية المفتوحة أدّت سابقًا إلى انعكاسات سلبية في العراق كما في سوريا ولبنان والكويت. ويبدو أنّه بانتظار البحرين سنوات من النزاع الطائفي، فقد تفككت العلاقات بين الجماعات كلياً، والدولة تنظم حملة (تطهير عرقي)، على حدّ تعبير الناشطين الشيعة. عوضاً عن كسب عداء الشيعة الكامل، على المملكة العربية السعودية والبحرين التفاوض بشأن عقدٍ اجتماعي معهم. سيؤدي فشل هاتين الدولتين في ذلك إلى سنواتٍ من عدم الاستقرار ستكون نتائجها غير مؤكدة. كذلك، من المستبعد ألا تشجّع الاحتجاجات الشيعية سعوديين آخرين، كما أظهر تصريحٌ حديثٌ صادرٌ عن السعوديين الليبراليين من كافة أنحاء المملكة، يدين التدابير الأمنية الصارمة في القطيف.

في نهاية المطاف، على الغرب أن يضغط على حلفائه، وفي طليعتهم المملكة العربية السعودية والبحرين، ليكفوا عن إطلاق النار على مواطنيهم الشيعة واعتقالهم وتصويرهم كعملاء إيرانيين وخونة. فتنفير الشبان الشيعة، يوفّر أرضاً خصبة مثالية لنشوء حركة معارضة شيعية جديدة في الخليج، ويصب في مصلحة النظام الإيراني مباشرة. حتى من دون مساعدة خارجية للمحتجين المحليين الشيعة، تبدو المنطقة مهيأة للعودة إلى السياسات الطائفية المتوترة التي اعتُمِدَت في الثمانينيات. على

الولايات المتحدة ، ومن زاوية مصلحتها الخاصة ومصلحة دول الخليج ، أن تسعى إلى مصالحة حقيقية بين شيعة البحرين والسعودية مع حكوماتهم ، وإلا فستهيمن الطائفية على الخليج ، ما يضرّ بالجميع .

## اعتقال النمر وانفجار المظاهرات في القطيف

كان إلقاء القبض على رجل الدين الشيعي نمر النمر بعد ظهر الأحد 8 تموز الجاري ، في بلدته العوامية في محافظة الشرقية في المملكة العربية السعودية الغنية بالنفط ، معدّاً له منذ وقت طويل . كان العديد من المراقبين يتساءلون في بعض الأحيان عن سبب عدم اعتقاله في وقت سابق ؛ إذ إنه كان الزعيم الروحي لحركة الاحتجاجات في شرق المملكة العربية السعودية ، وقد وضعته آراؤه الصريحة على خلاف مع الأسرة السعودية الحاكمة علناً . لكن ، بينما كان نمر النمر يدعو الشباب المحليين مراراً إلى أن يكونوا على استعداد للموت شهداء ، فقد كان يحثهم على عدم (ردّ الرصاص بالرصاص) ، بل على استخدام الوسائل السلمية بدلاً من ذلك . وأقر الشيخ بأنّ الشيعة ستزيد معاناتهم أكثر لو هاجموا قوة نيران النظام السعودي العنيفة ، لذلك دعا إلى القيام بالتظاهرات السلمية والعصيان المدني .

ورد في برقيات نشرها موقع ويكيليكس ، أنّ دبلوماسيين أميركيين حاولوا استيعاب الدور الذي يؤديه نمر كرجل دين

ثانوي، وكشخص تعبوي للشباب الشيعة، واجتمعوا معه شخصيًا في إحدى المرات. كتب دبلوماسي في البرقية: (يقيم النمر في العوامية، وهي قرية شيعية متطرفة مشهورة في واحة القطيف ويطلق عليها سكان القطيف الآخرين، بين المزاح والجدّية، اسم: الفلوجة الصغيرة). وقال مصدر شيعي للدبلوماسي الأميركي إن (كل منزل في العوامية يمتلك بندقية... فعلاً). من جهة أخرى، تساءل الدبلوماسيون الأميركيون في السعودية عن سبب عدم القبض على نمر في وقت سابق، بعد أن كرر توجيه انتقادات قاسية إلى الحكومة، وحتى طالب بانفصال المنطقة الشرقية في 2009. ثمة ثلاث نظريات في ذلك:

**أولاً**، يرى أولئك الذين يتبنون نظرية المؤامرة أنّ المتشددين داخل العائلة الحاكمة، مثل ولي العهد السابق ووزير الداخلية الأمير نايف بن عبد العزيز، كانوا يستخدمون نمر لتخويف أهل السنّة، ولمعارضة مبادرة الملك عبد الله الداعية إلى الحوار بين الأديان والتواصل المبدئي مع الشيعة.

**ثانيًا**، إنّ إلقاء القبض على نمر من شأنه أن يخلق اضطرابات متزايدة تودّ الحكومة تجنّبها. كان نمر متوارياً عن الأنظار من 2009 إلى 2011، ولم يظهر بعد ذلك إلا بين حشود كبيرة من الناس، في الجنازات أو في مسجده، أي في كل الأماكن

التي يصعب فيها إلقاء القبض عليه من دون وقوع خسائر بشرية أو خلق الاضطرابات.

**وثالثًا**، تتابع وثيقة ويكيليكس، بأنّ الحكومة سترد في نهاية المطاف، لكن (في الوقت الذي تراه مناسباً لها). ونفذت الحكومة ردها يوم 8 تموز. طريقة اعتقال نمر خارج مسجده توحي أنّه لن يخرج في أي وقت قريب. تقول رواية وزارة الداخلية (الأورويلية/ نسبة إلى جورج أورويل) إنّه عندما حاول نمر ومن معه مقاومة رجال الأمن، بادروا بإطلاق النار واصطدموا بإحدى الدوريات الأمنية أثناء محاولتهم الهرب، فجرى التعامل معه بحسب ما فرضت الظروف ورُدّ عليه بالمثل واعتقل بعدما أُصيب في فخذه.

## لماذا اعتقل النمر الآن؟

غير أنّ من المستغرب إلقاء القبض عليه الآن، بعد مرور سنة ونصف على بدء الاحتجاجات في المنطقة الشرقية في شباط 2011، وخاصة بعد أن خفّت وطأة هذه الاحتجاجات منذ شهر آذار. إن حركة الشباب التي ترأست التظاهرات الواسعة بين شهري تشرين الثاني وشباط الماضيين، وبعد إطلاق النار على 7 شبان شيعة وقتلهم، حوّلت جنازاتهم إلى أكبر حركة احتجاج شهدتها البلاد منذ اندلاع الانتفاضة السابقة في المنطقة الشرقية من السعودية في 1979. معلوم أن الشيعة السعوديون يتعرضون

للتمييز في هذا البلد ، الذي يفتقر في كل الأحوال إلى الحريات السياسية الأساسية ، لذلك تحمّسوا للاستفادة من المتغيّرات الإقليمية التي نجمت عن الربيع العربي.

لكن تلك التظاهرات فقدت بريقها ، وعاشت المنطقة الشرقية هدوءاً نسبياً لعدة أشهر. أما الآن ، فيملك الشباب الشيعي سبباً لجرّ الآلاف إلى الشوارع ، والتظاهرات الآن هي في أوجها ، وهذا تصعيد ناجم عن إلقاء القبض على نمر. اندلعت تظاهرات واسعة في القطيف مباشرة بعد إلقاء القبض عليه ، وأطلق النار على اثنين من المتظاهرين ، السيد أكبر من العوامية ومحمد فلفل من الشويكة ، ما رفع مجموع عدد القتلى إلى تسعة أشخاص في هذا الصراع المشتعل منذ فترة طويلة. وقد حظيت التظاهرات بأقل نسبة تغطية مقارنة بتظاهرات الربيع العربي.

إذاً ، من لديه مصلحة في مثل هذا التصعيد؟ يعتبر اعتقال نمر النمر وقتله من دون أدنى شك إجابة على سؤال عما إذا كان استبدال الأمير نايف بولي العهد الجديد الأمير سلمان بن عبد العزيز ووزير الداخلية الجديد الأمير أحمد بن عبد العزيز سيغيّر موقف الأسرة الحاكمة بشأن الإصلاح السياسي أو قضية الشيعة. وكان الأمير نايف ، الذي توفي في شهر حزيران في جنيف ، الشخص المتشدد الذي اعتبر شخصيّاً أنّ الشيعة محل تهديد وشبهة ، وأيد فرض سياسة القمع المطلق لأي معارضة أو

احتجاجات شعبية. يعتقد الكثيرون أنّ نفوذه أدى إلى اتخاذ قرار بإرسال القوات السعودية إلى البحرين في آذار 2011 لقمع الاحتجاجات المؤيدة للديموقراطية، وذلك لمنع امتداد التظاهرات إلى المنطقة الشرقية. لم تغيّر وفاة نايف موقف الأسرة الحاكمة، ويمكن تفسير اعتقال نمر بأنها خطوة اتخذها وزير الداخلية الجديد الأمير أحمد ليسجل موقفًا متشددًا في الداخل. لكن الشباب الشيعة لم يغيّروا موقفهم أيضاً. وفيما بايع وجهاء الشيعة ولي العهد الجديد، احتفل آخرون بوفاة الأمير نايف في شوارع العوامية والقطيف، وزعم أنهم استلهموا احتفالاتهم من خطبة انتقادية ألقاها نمر.

في الواقع، فيما يحظى نمر بالكثير من الشعبية في صفوف الشباب الشيعة، فإنّه شخصية مكروهة بالنسبة إلى الكثير من السعوديين الآخرين. يُشتم في كثير من الأحيان على صفحات تويتر وفايسبوك؛ إذ كسرت خطاباته على مدى السنوات الماضية مجموعة كاملة من المحرمات السياسية في المملكة العربية السعودية، بما في ذلك الدعوة إلى سقوط العائلة المالكة. إذاً، لعلّ أفراد العائلة المالكة الكبار المعيّنين حديثاً يريدون تضييق الخناق على الشيعة من خلال اعتقال رجل دين مثير للجدل، ما يزيد من شعبيتهم في أوساط أهل السنّة في أجزاء أخرى من

البلاد. وبالتالي ، فإنّ العلاقات بين الشيعة والحكومة لم تكن يوماً بهذا السوء منذ قيام الثورة الإيرانية.

لكن ثمة بعدٌ آخر أكثر إثارة للقلق. حيث يأتي اعتقال نمر متزامناً مع حشد عسكري في منطقة الخليج وحملة اعتقالات مماثلة في البحرين. نهار الاثنين في 9 تموز، حكم على نبيل رجب ، وهو ناشط بحريني بارز في حقوق الإنسان، بالسجن لمدة ثلاثة أشهر بسبب بعض تعليقاته على موقع تويتر، واقتيد من منزله على أيدي رجال أمن ملثمين. وكان رجب واحدًا من الأصوات القليلة التي استمرت في التحدث علناً ضد انتهاكات حقوق الإنسان والإصلاح السياسي العميق في المملكة/ الجزيرة ، ولم يقبض عليه.

في الواقع ، طاولته نظريات المؤامرة المماثلة لتلك التي طاولت نمر، أي إنّ الأسرة الحاكمة في البحرين سمحت له بالاستمرار في التعبير عن رأيه بشأن النظام لتخويف أهل السنّة، على الرغم من أنّه تعرض للهجوم والترهيب مراراً وتكراراً. في 9 تموز أيضاً، حلَّ النظام في البحرين الكتلة السياسية البحرينية الشيعية (أمل) رسمياً، علماً بأنّها كانت معطّلة بسبب اعتقال جميع قادتها تقريباً العام الماضي. إن كلّاً من حركة "أمل" ونمر من أتباع آية الله محمد تقي المدرسي المقيم في كربلاء، الذي اتخذ شقيقه هادي المدرسي موقفاً حاسماً ضد الأسر الحاكمة في

السعودية والبحرين. يبدو أنّ هذه الحملة تطاول أيضًا التيار الشيعي الوطني ، وهو جزء من الحركة السياسية الشيرازية ، التي تحمل اسم مؤسسها محمد مهدي الشيرازي الذي اشتهر خطه السياسي باسم (المدرسيّة).

بالإضافة إلى ذلك ، كثفت الولايات المتحدة وجودها العسكري في منطقة الخليج من خلال إرسال سفن حربية إضافية ، ووضعت دول الخليج جيوشها في حالة تأهب قصوى أواخر يونيو الماضي ، مع ورود تقارير عن نشر قوات كبيرة في المنطقة الشرقية. إنّ إسكات الأصوات المعارضة الأكثر جرأة يترافق مع الاستعدادات لحرب محتملة ، وقد يُتخذ ذلك أيضًا كإجراء وقائي في حال شنّ هجوم على إيران. وفيما يتهم السعوديون السنّة في معظم الأحيان ، نمراً بكونه عميلاً إيرانيًا ، فإنّ هذا الاتهام مبالغ فيه. إنّ نمر يتبع آية الله محمد تقي المدرسي المقيم في كربلاء ، لا القائد الإيراني آية الله علي خامنئي. إلا أنّه دافع عن إيران مرارًا ، ورفض علانية شن هجوم على إيران. ولو كان عميلاً كما يشاع ، لكان قد ندَّد بالهجوم على إيران بنحو أشد ، ودعا إلى مزيد من التظاهرات في المنطقة الشرقية.

امتدت شعبية نمر إلى البحرين أيضًا ، إذ كان يدعم الانتفاضة هناك بقوة ، كما شاهدنا في تظاهرات مؤيدة له في مختلف القرى الشيعية في البحرين على مدى الأيام القليلة

الماضية. لذلك ، يبقى السؤال عمّا إذا كان حلفاء السعودية ، وعلى
رأسهم الولايات المتحدة الأميركية ، سيتغاضون عن حملة القمع
هذه؟ التقى ديفيد بترايوس ، مدير وكالة الاستخبارات المركزية
الأميركية ، الملك السعودي عبد الله في جدة في اليوم نفسه ، أي
في 9 تموز.

من منظور محلي ، يبدو التوقيت غريبًا ، بل وانهزاميًا أيضًا.
فالاحتجاجات في المنطقة الشرقية كانت قد توقفت ، وأُصيب
العديد من الشباب الناشطين بالإحباط ، إذ بعد مرور سنة ونصف
من الاحتجاجات ، لم تحقق أي أهداف سياسية ، وسقط العديد
من الشهداء وتمت تعبئة شريحة معينة من المجتمع: الشبان
الصغار. أما الآن فلديهم نداء معركة جديد سيستخدم لتعبئة شرائح
أخرى من المجتمع الشيعي السعودي. لكن تراهن حسابات
المؤسسات الأمنية السعودية ، والأميركية ربما ، على وجود نمر
خلف القضبان ، ما يعني أنّ الاحتجاجات ستتوقف في نهاية
المطاف ، والأهم أنّه في حال وقوع مواجهة في الخليج ، فإنّ
شخصية شعبية بإمكانها حشد المتظاهرين قد جرى التخلص منها.
من الصعب التنبؤ بمجرى الأمور. لكن هذا الاعتقال غير
المناسب ، ولا سيما بعد إطلاق النار على رجل الدين في الساق ،
قد يكون فرصة لإعطاء قوة دفع جديدة ، ليس فقط لحركة
الاحتجاج في السعودية ، ولكن أيضًا في البحرين. هناك ، أظهر

الناشطون الشباب أنّه حتى مع زج زعماء المعارضة الأبرز في السجن ، بإمكانهم الاستمرار بالتظاهرات المنظمة ، وعادوا على نحو متزايد إلى تبنّي تكتيكات اعتمدوها قبل 2011 في قتال الشوارع مع الشرطة. يبدو غريباً أن يُستبعد وقوع الأمر ذاته في السعودية ، مع وجود نمر في السجن.(<sup>21</sup>)

---

(<sup>21</sup>) قمع الشيعة جزء من شرعية النظام السعودي ــ مقال ــ توبي ماتيسن ــ موقع مجلة الحجاز:

http://www.alhejaz.org/sehafah/0211701.htm

# فضل الله: "المسألة المذهبية" أصبحت مشكلةً في العالم الإسلامي

## حوار مع: العلامة المرجع السيد محمد حسين فضل الله(رض)

## حاوره: وكالة شرق برس

## المسلمين الشيعة في العالم العربي في ظلّ التحدّيات الراهنة

أقامت "**وكالة شرق برس**" حلقة نقاش مع المرجع الديني، السيد محمد حسين فضل الله، تحت عنوان: "**دور الشيعة في العالم العربي في ظلِّ التحديات الراهنة**"، حضرها طاقم من دائرتي الصحافة والعلاقات الإعلامية في الوكالة، بدأها الزميل الإعلامي محمد شري مقدماً السيد، معتبرًا أنه شكّل ولا يزال معلمًا من معالم الإسلام الأصيل والتشيع النفسي في هذا العصر، قائلاً: "**كثيرون هم العلماء، وربما المراجع أيضًا، لكن القليلين هم الذين امتازوا، والذين تجرّأوا، وجدّدوا، وواجهوا، والقليلين هم الذين أزهر عطاؤهم علماً وجهادًا وتربيةً وأخلاقـًا وسياسة ومؤسسات في مختلف الحقول**".

"**وسماحة العلامة المرجع، السيد محمد حسين فضل الله، من هذه الفئة النادرة المشعة في وجودها التي تنير الطريق لمن حولها، ولمن يأتي بعدها، معين لا ينضب من العلم والعطاء والجهاد، عقل مؤمن مسلم منفتح وواثق في حراك دائم لا يهدأ. ملمٌ بتفاصيل التفاصيل، وعالم عارف محدق بالكليات، خبير في التكتيك دون أن ينفك عن الاستراتيجية،**

**ونحن في زمن تكاد تضيع فيه الكليات والاستراتيجيات لمصلحة التكتيك والتفاصيل حيث تكمن الشياطين".**

تفاصيل الحوار:

الواقع الشيعي والمتغيرات الدولية مؤخّرًا.

**س: سماحة السيد: بدأنا نقرأ ونسمع عن المسألة الشيعية في العالم العربي، ونسمع أيضًا عن الهلال الشيعي، والخطر الشيعي، والمشروع الشيعي. ما هي قراءة سماحتك لدور الشيعة وموقعهم في العالم العربي في مواجهة التحدّيات الراهنة، فهل هناك مسألة شيعية؟ وهل هناك مشروع شيعي خاص مستقل عن مشروع الأمة؟ وإذا لم يكن كذلك، فهل يفرض على الشيعة العرب تحديداً، أن يستكينوا لتهميشهم وهدر حقوقهم وحرمانهم من المشاركة العادلة في حكم أوطانهم؟ وكيف السبيل لذلك دون الوقوع في شرك الفتنة أو دون السقوط في فخّ المشروع الأميركي الاستكباري؟**

**ما رأي سماحتك في من يرى أن على الشيعة العرب أن يستفيدوا من المتغيّرات الدولية والإقليمية، وأن يتعلموا من تجاربهم، وأن يسعوا إلى السلطة حتى لو كانت عن طريق الأجنبي والأميركي، ألا يحق لهم ما يحق لغيرهم؟**

**سماحة السيد، كيف نوفّق بين همّ الأمة والإسلام، وهمّ الشيعة والتشيع؟ وهل نضحّي بمصالح الشيعة من أجل مصالح الأمة، أو نضحي بمصالح الأمة من أجل مصالح الشيعة؟**

- ج: في البداية، أحبّ أن أشكركم على هذه المشاعر والعواطف الإسلامية الطيّبة التي تملأ قلبي بالمحبة

التي عشتها مع كلّ هذا الجيل وعاشها معي من خلال رسالة الإسلام التي حملتها منذ أكثر من 50 سنة، **الإسلام الوحدوي** الذي ينفتح على كلّ الخطوط الاجتهادية في الواقع الإسلامي، سواء على مستوى تنوّع المذاهب، أو على مستوى تنوّع الاجتهادات.

أما بالنسبة إلى **المسألة الشيعية**، فإننا عندما ندرسها من خلال الواقع العام، لا نرى أن هناك عالماً شيعيًا موحّدًا، بل هناك مزق متناثرة قد يلتقي بعضها مع بعض في الجانب الوجداني، وتعيش في داخلها حساسيات معيّنة بفعل بعض الاتهامات أو بعض الحملات التي تمسّ الجانب الثقافي تجاه ما يطرحه بعض رجالات الشيعة، وخصوصاً بعض رجال الدين، حين يناقشون المفردات الثقافية والفكرية للعقيدة الشيعية، ليتمّ اعتبار أيّ مناقشة في مفرداتها كفراً وضلالاً وما إلى ذلك.

وربما تجد كثيرًا من المسلّمات بالمعنى الثقافي تنطلق من معاني شعبية في هذا المجال، أما عندما ندرس المسألة الشيعية في إطارها السياسي، فإننا لا نرى أن هناك وحدة شيعية، إلا أنه يمكننا أن نرصد مواقع شيعية متعددة، فمثلاً قد نرى موقعًا شيعيًا كبيرًا في العراق، ونرى أيضًا موقعاً في إيران التي تمثل الدولة الشيعية الوحيدة في العالم كله، إضافةً إلى وجود موقع من مواقع التشيّع استطاع أن يتبلور ويتأهل في المدّة الأخيرة بفعل المقاومة في لبنان، كما

أنّ هناك بعض المواقع الشيعية الصغيرة في الخليج وفي باكستان وأفغانستان وفي سوريا أيضًا ، ولكنها لا تمثل شيئاً كبيراً يمكن أن يتحرّك باتجاه المستقبل.

لذلك ، فقد أصبحت المسألة الشيعية تمثّل المشكلة للواقع الإسلامي السني ، الذي اعتاد على أن يكون دائماً المرجع الوحيد للعالم الإسلامي ، حتى إنّ الثقافة التي يتحرّك فيها السّنة من خلال أغلب مشايخهم ، ومن خلال ما يرد في بعض كتب الشيعة ، أو في خطابات بعض خطباء الشيعة أو ما شابه ذلك ، يعتبرون أن الشيعة خارجون عن الإسلام ، من خلال اعتبارهم أن بعض الأفكار الشيعية تمثل الغلو أو تمثل الشرك على حسب المفاهيم التي يحاولون من خلالها أن يقسّموا الإنسان بين موحّد أو مشرك ، ومؤمن أو كافر ، لأن هناك جدلاً حول مسألة الإيمان والكفر ، والشرك والتوحيد وما إلى ذلك.

لذلك ، فإن النظرة العامة حتى الآن ، لدى الكثير من مشايخ السّنة في العالم ، والتي انعكست على الواقع الشعبي ، هي أن الشيعة ليسوا مسلمين ، ويؤكد ذلك ما أفتى به عالم سني في كندا من حرمة ذبائح الشيعة ، لأنهم يذكرون عليها اسم الحسن والحسين(ع) ، وهذا أمر كاذب لا نعرف له أساس عند أيّ فرد شيعي ، كلّ هذا ترك تأثيره على الواقع الشعبي ، وخصوصًا عندما دخلت إيران في الجوّ

السياسي من خلال العنوان الشيعي الكبير الذي تتميّز به.

وقد لاحظنا في البداية، أن ثورة الإمام الخميني "رحمه الله" استطاعت أن تكسر هذا الحاجز في العالم الإسلامي، باعتبار أنها الثورة التي هزّت قواعد الاستكبار الأميركي، الذي كانت تعاني منه المنطقة معاناةً كبيرةً جدًا، ولكن المخابرات الدولية من جهة والمخابرات المحلية، وخصوصًا العربية، والجهات الطائفية المذهبية التي تعيش المشكلة في مسألة الشيعة، حاولت أن تحاصر هذه الثورة بالطريقة التي تجعلها ثورةً شيعيةً، بدلاً من أن تكون ثورة إسلامية، وبهذا استطاعت أن تعبّىء العالم العربي في الحرب الإيرانية — العراقية على أساس أنها حرب عربية — فارسية، بحيث أدخلت الجانب القومي في حساباتها السياسية، حيث برزت المشكلة بين إيران والعالم العربي، كما إن بعض الشيعة دخلوا في هذه المسألة، باعتبار أن الذين لجأوا إلى إيران من الشيعة، وخصوصاً من الشيعة العراقيين، لم يجدوا ما كانوا يأملون فيه من الرعاية الكاملة في إيران، حيث كانت الدولة الإسلامية الفتية تعيش ظروفاً صعبةً، وخصوصاً عندما قدم إليها اللاجئون من أفغانستان بنسبة أكثر من 2 مليون، ومن العراق بنسبة أكثر من نصف مليون وما إلى ذلك، وعدم محاسبتها للمسؤولين الصغار الذين أخطأوا مع اللاجئين، ما تسبّب في

خلق مشكلة داخل العالم الشيعي ، فأصبح الكثيرون من العراقيين ضد الجمهورية الإسلامية ، وأصبحوا يعتبرونها كأنها تنطلق من الجانب القومي.

لذلك تحوّلت المشكلة الشيعية إلى مشكلة مذهبية في العالم الإسلامي ، وخصوصًا عندما أثيرت المسألة بأنّ الشيعة يعملون على تشييع السّنة ، في كلام قد يكون له واقعية في بعض المناطق ، ولكن بشكل جزئي ، وليس له واقعية في أكثر المناطق.

والقضية المطروحة الآن في المسألة الشيعية ، هي أن العالم الإسلامي السني ، سواء على المستوى الديني أو السياسي ، أصبح يخشى من هذه الانطلاقة الشيعية التي تمثلت بالمقاومة الإسلامية في لبنان ، والتي تركت تأثيرها من الناحية الشعورية في العالم الإسلامي ، بحيث إنها اجتاحت الجوّ السني ، حتى إن بعض السّنة انتقلوا إلى التشيع من خلال الانتصار الذي حققته المقاومة الإسلامية في لبنان ، كما أن الواقع السني الذي سيطر على العالم العربي من الناحية السياسية ، أصبح يخاف من سيطرة الشيعة على العراق ، ومن تقدم الشيعة فيه . ومن حركة الجمهورية الإسلامية الإيرانية في مواقفها الصلبة ، وخصوصًا من خلال الحركة الأمريكية السياسية الإعلامية والمخابراتية التي حاولت الإيحاء إلى العالم العربي ، والعالم الإسلامي ، كباكستان وغيرها ، بأن إيران أصبحت تمثل خطرًا في شيعيتها.

من هنا انطلقت الحملة على الشيعة من خلال الحملة على إيران وعلى المقاومة الإسلامية فيما تتحرّك به أميركا في لبنان من خلال رعايتها والتزامها بأمن إسرائيل ، وهذا هو الذي يفسّر ما انطلق به الملك عبد الله الأردني الذي تحدّث عن **الهلال الشيعي** ، في الوقت الذي لا يمثل هذا العنوان أيّ واقعية في العالم ، لأنه ليست هناك أيّ فرصة لإيجاد اتحاد بين الشيعة في لبنان وسوريا والعراق وإيران ، بل إننا نرى أنّ هناك مزقاً متناثرةً هنا وهناك.

أما من الناحية السياسية ، فهناك خوف من سيطرة الشيعة بفعل بعض المواقع السياسية التي استطاعت إشاعة هذا الجو المشحون بالخوف ، خصوصًا تجاه الموقف الإيراني من خلال الملف النووي ، الذي تحاول أميركا وأوروبا أن تثير الخطر منه ، باعتبار أن إيران تحاول صنع السلاح النووي الذي يشكل خطرًا على العالم ، كما هي النكتة السياسية التي أثاروها لاحتلال العراق الذي كان لا يملك أيّ قوة عسكرية.

أما موقفنا تجاه هذا الوضع الذي نعيش فيه ، وهذا الإرباك المنطلق من التراكم التاريخي من جهة ، ومن خلال المشاكل الحاضرة من جهة أخرى ، فهو أنّ علينا أن لا ندخل في حركية الفتنة ، لأنه ليس لنا أيّ مصلحة في فتنة سنية ـ شيعية ، ولذلك فإنّ علينا أن نصرّ على مسألة الوحدة مع إصرارنا على مواقعنا السياسية القويّة ، وعلى شعاراتنا السياسية التي تنفتح على العالم

الذي يقف ضد أميركا ، وضدّ الاستكبار العالمي ، وعلينا أن نبقى في مواقعنا الإسلامية ، فلا نقدّم التنازلات من مبادئنا ، بل نؤصّلها ، ولا نفسح المجال للخرافة والغلو والتخلف أن يعطي العنوان الكبير للتشيع ، بمعنى أنّ علينا أن نقوم بحركة داخلية في تأهيل المذهب الشيعي ليكون منفتحًا على تراث أهل البيت الذين يمثلون التراث الحضاري الذي يمكن أن نقدّمه إلى العالم كله.

وفي الوقت نفسه ، فإننا ندعو إلى الحوار الإسلامي – الإسلامي حتى مع السلفيين ، وعلينا أيضًا أن ندمج ، وأن نقيم تحالفات سياسية مع الحركات الإسلامية السّنية ، بغض النظر عن طبيعة العلاقة بها ، كالجماعة الإسلامية ، والإخوان المسلمين ، والجبهة الإسلامية... وأن ننفتح على الواقع السّني من خلال الشعارات الإسلامية والسياسية الكبرى ، خصوصًا مسألة التزامنا بالقضية الفلسطينية ، ومواجهة الاحتلال في العراق وفي أفغانستان ، من خلال مواقفنا المعارضة لسياسة الإدارة الأمريكية وحلفائها في لبنان والمنطقة ، وهذا لا يعني أن نقوم بعملية ردّ فعل انفعالي ، بحيث نتحرّك على أساس أن نعيش الفتنة ، بل أن نهرب من الفتنة إلى العقلانية وإلى الموضوعية وإلى الصبر على هذه المسألة.

نحن لا نشعر بأنَّ هناك عالمًا شيعيًا موحَّدًا يملك سياسةً واحدةً وخطاً ثقافياً واحداً ، ولكننا نحاول أن

نجمع الطلائع المثقفة الواعية المنفتحة الحضارية التي تنطلق من خلال أصالة تراث أهل البيت(ع) وأصالة الإسلام في الكتاب والسّنة ، لتكون في موقع قيادي مؤثِّر ، لا على الهامش ، وخصوصًا الهامش الثقافي ، وعلينا أن نصرّ على أن نقود الحركة الإسلامية ، من الناحية الثقافية والسياسية ، وخصوصاً داخل البيت الشيعي ، بحيث نعمل على التخطيط لمحاربة كلّ الخرافيين والمتخلفين ، وكل الغلاة في هذا المجال ، حتى نستطيع أن نصنع جيلاً شيعيًا إسلاميًا منفتحًا في خط الحضارة الإسلامية.

**س: سيدنا، العراق اليوم قضية القضايا في المنطقة، والمسألة الشيعية هي الأساس، ونحن نسمع توجّهات ممن يقولون إن علينا أن نتحرك كشيعة، بمعزل عن الأبعاد الإيديولوجية، وعلينا أن نستفيد من خطأ ثورة العشرين التي حصلت، والتي ضيّع الشيعة فيها الكثير، فهم الذين ثاروا، وهم الذين سلّموا الحكم، وهناك من يدعون الآن إلى فيدراليات على أساس مذهبي سني وشيعي وقومي، ما وجهة نظركم في هذا الشأن؟**

- نحن ندعو إلى الحوار الإسلامي — الإسلامي حتى مع السلفيين ، وأن ننفتح على الواقع السني من خلال الشعارات الإسلامية والسياسية الكبرى ، وخصوصًا مسألة التزامنا بالقضية الفلسطينية

أنا أتصور أن مشكلة الشيعة في العراق هي أنهم عاشوا ردّ فعل، لأن الشيعة عزلوا عن المسؤوليات الحكومية في العراق بشكل عام، وكانوا يعيشون تحت تأثير هذا النوع من العزلة في حالة نفسية خانقة قد لا تتحرّك من خلال التعبير عن نفسها بشكل قوي أو بشكل ثائر وما إلى ذلك، حتى إنه عندما وصل بعض سياسيي الشيعة إلى مستوى أعلى، مثل "**صالح جبر**"، حاولوا إسقاط وزارته، باعتبار معاهدة "**بورتوسموث**" الذي كان نوري السعيد والسنّة وراءها، ولكن كانت الخلفيات شيعية – سنية، ولذلك بقي الشيعة يخلصون للجو العام في العراق، بالرغم من أنهم كانوا مضطهدين ومظلومين.

وبعد ذلك سقط الحكم الملكي الذي جاء به الشيعة، علمًا أنّ علماء الشيعة هم الذين ذهبوا إلى مكة وجاؤوا بالملك فيصل الذي انطلق سنيًا، مع أنه من العائلة الهاشمية، ثم تطورت الأمور في انقلاب عبد الكريم قاسم، والسيد عبد السلام عارف، والمدّ الشيعي الأحمر، إلى أن تسلم حزب البعث في الستينات الحكم، مستفيداً من العمليات الشيعية المعارضة في هذا المجال، وخصوصاً الحالة الإسلامية التي كان يقودها حزب الدعوة الاسلامية بقيادة السيد محمد باقر الصدر، وسرعان ما عمل الحكم البعثي الجديد على اضطهاد الشيعة بكلّ وحشية، كما عمل أيضاً على اضطهاد الأكراد. هذه المسألة استطاعت أن

تفسح المجال لتحالف كردي – شيعي ، حاول الأكراد من خلاله الضغط على المعارضة الشيعية للاعتراف بالحكم الفيدرالي ، ومن المعلوم أن الفيدرالية كانت واضحة بالنسبة إلى الإقليم الكردي ، ولم تكن واضحة بالنسبة إلى الواقع الشيعي ، وعلى ما يبدو ، فإن هناك انفتاحاً بزر أخيراً إزاء إنشاء فيدرالية في المناطق الجنوبية ، والمنطقة الوسطى للسنة ، ومنطقة إقليم كردستان ، والواقع أن الشيعة انطلقوا من خلال ذلك ، فهم يخافون الآن من الحكم المركزي ، لأن الحكم المركزي الذي عانوا منه كثيراً في الماضي وفي التاريخ ، ربما يتحوّل إلى واقع اضطهاد للشيعة بحسب التطوّرات السياسية التي قد تفسح المجال للسنة.

كما نلاحظ ذلك الآن في الخطوات الأميركية الأخيرة في هذا المجال ، ولذلك كانت المسألة في نظر الذين أثاروا المسألة الفيدرالية من هذا الجانب ، لا من خلال مواجهة الوحدة الإسلامية بمعناها الثقافي ومعناها السياسي العام ، ولكنها كانت ردّ فعل على الأحداث الأخيرة التي حدثت في العراق ، سواء من خلال دخول القاعدة التي هي واجهة سنية ، وانخراط الكثيرين من جيش صدام ومن السنة معهم ، والإفتاء بقتل الشيعة ، وهذا ما نلاحظه في عملية القتل المنظّم التي يواجهها الشيعة بشكل يومي في هذا المقام ، وأما ما يُثار حول أن الشيعة يقتلون السنة ، فهذا ليس واقعيًا ، بل هو عملية ردّة فعل جزئية تخرج

من هنا وهناك ، ونجد أن الاحتلال الأميركي يحاول أن يشجع بعض هذه الأوضاع.

إننا على هذا الصعيد، نشير إلى أنّ المثقفين الشيعة لا يعيشون الحالة الطائفية المنخنقة ، بل نجد أن هناك الكثير من المرجعيات الشيعية ممّن يدعون إلى الوحدة الإسلامية في العراق ، وكذلك بالنسبة إلى بعض الحركات الشيعية كـ"**حزب الدعوة**" مثلاً ، وحتى المجلس الإسلامي الأعلى ، وحتى حركة مقتدى الصدر ، يحاولون أن يخاطبوا السنة ويحاوروهم ، وأن ينطلقوا من خلال الوحدة الإسلامية في العراق ، لكن حال الفوضى الثقافية والسياسية التي يعيشها العراق ، وخصوصاً دخول إيران على خطّ الأحداث ، أوجب نوعًا من أنواع الفوضى في التصوّر للدور الإيراني في العراق ، الذي ربما انطلق بعض الشيعة ضده ، كما ينطلق السنة أيضاً ضده. ومن الطبيعي أن لأميركا دورًا في هذا المجال ، لذلك نحن لا نستطيع أن نقول إن هناك خطأ شيعياً في العراق في مواجهة الحالة الإسلامية أو القومية أو ما إلى ذلك ، بل هناك فوضى ، وهناك حلقة مفرغة ونوع من الدوامة التي تلف الجميع ، ما يجعل من الصعب جداً أن يُعطي الإنسان الواقع في العراق ، صورةً واضحة في هذا المجال.

**س: إلى أي مدى ترون أنّ مشروع العالم الشيعي الموحّد يمكن أن يحقّق نجاحاً؟**

● بالنسبة إلى تعدّد الخطوط السياسية الشيعية فإني لا أرى المسألة واقعية ، أما إيران فربما تتداخل فيها مسألة الدولة مع المسألة الشيعية ، لأن إيران تتحرك كدولة تريد أن تحمي نفسها بقطع النظر عن المسألة الشيعية ، ولكنها تستفيد من الجانب الشيعي وتشجّعه ، لذلك من الصعب جدًا أن تكون هناك وحدة شيعية مرجعية على المستوى الديني أو السياسي.

من الصعب جداً أن تكون هناك وحدة شيعية مرجعية على المستوى الديني أو السياسي

**س: ما هو تأثير الحوزات الشيعية في قُم والنجف على سياسة الشيعة في العالم العربي ؟**

● أنا لا أعتقد أن هناك صراعاً ومشاكل جوهرية بين حوزتي النجف وقم ، فالنجف كانت هي الحوزة الوحيدة والكبرى التي مضى عليها أكثر من ألف سنة ، والتي تخرّج منها أكثر علماء الشيعة في العالم الذين كانوا يهاجرون إلى النجف ، ولكن المشاكل التي أحاطت بحوزة النجف ، والتهجير الذي حصل من قبل صدام حسين وما إلى ذلك ، أضعفها ، وبذلك استطاعت حوزة "قُم" التي كانت محدودة أمام حوزة النجف ، أن تتوسّع ، خصوصًا مع رعاية الدولة لها ، وأصبحت هي الحوزة الأولى الكبرى في العالم ، بينما حوزة النجف لا تزال محدودة لا تملك الكثير من عناصر القوة.

**س: هل تمثّل الحكومة العراقية، ذات الغالبية الشيعية، المشروع الأميركي في العراق؟**

● لا أتصور أنّ القضية كذلك، فالحكومة العراقية التي تضمّ جماعةً من الشيعة، تضمّ جماعة من السنة أيضاً، ولذلك فإنه من الطبيعي جداً أن أي حكومة داخل منطقة محتلة، لا يمكن أن تحصل على أيّ حرية في عملها. وهذا ما نعرفه في الحكومة العراقية، فإنهم لا يملكون الكثير من الحرية في إدارة الواقع فيه، سواء من الناحية القانونية أو الإدارية.

**س: ثمة أكثر من مشكلة تواجه الواقع الشيعي، فهناك من يقول إن الشيعة غير مخلصين لكياناتهم الذاتية، وإنهم أصبحوا مستغرقين في مشاكلهم الذاتية على حساب الفهم الإسلامي العام، كما يجري في العراق، فهل الشيعة مخلصون لأوطانهم؟ وإلى أيّ مدى هم كذلك؟**

● أنا لا أعتقد أن الشيعة غير مخلصين لأوطانهم، فالشيعة مشكلتهم أنهم مخلصون لأوطانهم أكثر من إخلاصهم لخصوصياتهم الذاتية، ولكن مسألة الفوضى في العراق لا تسمح للمراقب بأن يميّز بين موقع وموقع آخر، لأن المشاكل الأمنية المطبقة على الواقع الشيعي من جهة، وعلى الواقع العراقي بشكل عام، وفقدان الخدمات الضرورية أو ما إلى ذلك، أوجد حالاً من الفوضى التي لا تستطيع معها أن تحدد الخطوط الواضحة المستقيمة، فالشيعة هم أكثر الناس إخلاصاً

لوطنهم ، والدليل على ذلك ثورة العشرين ، والمقاومة الإسلامية في لبنان.

**س: سماحة السيد، حضرتك تحدثت عن تكفير الشيعة من قبل السنة واستباحة قتلهم، وخصوصاً ما نراه في العراق من انتهاك للأماكن المقدسة، اليوم، أين دور تجمع علماء المسلمين والأحزاب في ردّ هذه النقمة؟ أما على مستوى لبنان، وفي ظل الأجواء السياسية المشحونة، هل يعتبر دور الشيعة اليوم في مرحلة ذهبية؟**

- أما بالنسبة إلى قضية الفتاوى التي تكفِّر الشيعة ، فإنها لا تزال موجودةً ، رغم النفي السني لها ، وقد يستعمل العلماء السنة التَّقية تجاه الشيعة في هذا المقام ، أما بالنسبة إلى تجمع العلماء ، فيوجد مناخ نفسي قد يُوحي ببعض الجوّ الإسلامي الوحدوي ، ولكن تجمع العلماء المسلمين لا قوة له. أما أن يُقال إنّ الشيعة يعيشون في فترة ذهبية في لبنان ، فأظنّ أن هذه الفترة فيها شيء من النحاس والفضة والذهب والألماس ، ليس هناك ذهب خالص في هذا المجال.

**س: البعض يقول إن موقف الشيعة في العراق واستلامهم السلطة عن طريق الاحتلال الأميركي، أساء إلى الموقف الشيعي العام؟**

- أظن أن الشيعة لم يدخلوا السلطة من جهة الاحتلال الأميركي ، بل لأنهم الأكثرية ، فمثلاً رئاسة الوزراء أصبحت للشيعة ، حيث كانت من قبل لأياد علاوي ،

ومن بعده أصبحت بيد الجعفري ، ثم بيد المالكي. هذا من جهة ، ومن جهة أخرى ، فإن كتلة الائتلاف هي أقوى الكتل في المجلس النيابي ، لذلك انطلقت بطريقة ديمقراطية ، كما أن الحكومة التي تتألف من وزراء ، فيها سنة وشيعة وأكراد ، ولذلك فإننا نلاحظ أن رئيس الجمهورية كردي ، ووزير الخارجية كردي ، ونائب رئيس الوزراء سني ، فليس هناك حكومة شيعية ، إلا إذا اعتبرنا العراق مثل لبنان ، بطريقة طائفية ، لأن المعارضة مثلاً تتكلم عن السنيورة مع أن الحكومة اللبنانية حكومة ائتلافية ، والمعارضة أيضاً ائتلافية ، ولذلك ليس الشيعة هم الذين يحكمون العراق بشكل أساسي ، بل إن هناك الكثير من المواقع الكبرى في العراق أصبحت بيد السنة.([22])

---

([22]) فضل الله: "المسألة المذهبية" أصبحت مشكلةً في العالم الإسلامي – المسلمين الشيعة في العالم العربي في ظلّ التحدّيات الراهنة – حوار مع: العلامة المرجع السيد محمد حسين فضل الله (رض) – الموقع الرسمي لمكتب السيد محمد حسين فضل الله – حاوره: وكالة شرق برس – ٢٠٠٧/١٢/٣٠ – الرابط:

http://arabic.bayynat.org.lb/DialoguePage.aspx?id=11526

## شيعة السعودية.. كبش فداء لصراع إقليمي ومصالح دولية ؟

برلين – من شمس العياري:

فيما وصف حكم الإعدام بحق النمر في السعودية بأنه "سياسي" وجائر، يرى البعض أنه يعكس رغبة الرياض في إخماد كل محاولة تمرد في منطقة تعمها الفوضى، وكذا لقطع الطريق على النفوذ الإيراني. فهل أصبحت مطالب الشيعة رهن صراع إقليمي؟

فيما يتركز الاهتمام على سوريا والعراق حيث يصول تنظيم "**الدولة الإسلامية**" في أجزاء منهما ويجول، تتصاعد وتيرة التوتر في شرق السعودية وبالتحديد في منطقة القطيف بين النظام السعودي (السني) والأقلية الشيعية. وزادت وتيرة التوتر بعد صدور حكم بالإعدام في حق رجل الدين الشيعي نمر باقر النمر بتهمة "**إشعال الفتنة الطائفية**" و"**الخروج على ولي الأمر**"، وذلك على خلفية دوره في احتجاجات الشيعة عام 2011. عائلة النمر وصفت الحكم بأنه "سياسي"، الأمر الذي يثير السؤال ما حول دافع السلطات في السعودية إلى إصدار مثل هذا الحكم

بحق شخص دعا إلى التظاهر من أجل حقوق ووضع أفضل للأقلية الشيعية في المملكة ؟

## "الحكم جزء من حملة لقمع المعارضين"

الخبير الألماني في شؤون الشرق الأوسط يوخن هيبلر يرى بأن الحكم بحق النمر تحركه دوافع سياسية. ويقول في حوار مع DW عربية: **"كل العلاقات ذات الطابع الديني على غرار العلاقات بين السنة والشيعة في السعودية لها طابع سياسي. فالوهابية مرتبطة ارتباطا وثيقا بالنظام وبالسياسة في السعودية".** ويوضح بأن حكم الإعدام بحق رجل الدين الشيعي لم يأت بمعزل عن التطورات التي تشهدها المنطقة من صراع بين السنة والشيعة في العراق ، ودور إيران في تحريك الخيوط في لبنان من خلال حزب الله الشيعي ودعمها لنظام الأسد العلوي. ويؤكد أن ما يشهده اليمن بعد سيطرة الحوثيين ، الذين يشكلون أقلية في اليمن ، على العاصمة صنعاء بعد أن كانت احتجاجاتهم لفترة طويلة تقتصر على مكان تواجدهم في شمال اليمن ، قد أثار مخاوف السعوديين من تطورات مشابهة في منطقة القطيف الغنية بالنفط.

**فهل هي محاولة من آل سعود لإخماد كل محاولة "تمرد"** داخل المملكة خاصة وأن دول الجوار العراق واليمن يعيشان على وقع اضطرابات داخلية ؟

حالات الإعدام التي شهدتها السعودية خلال هذا العام والتي بلغت حتى الآن 59 حالة ، وفقاً لمنظمة **هيومن رايتس ووتش** ، بينها 12 في قضايا "**إرهاب**" أو "**تشدد ديني**" ، تؤكد صرامة النظام في التعامل مع المعارضين والمحتجين. في هذا السياق يقول سعيد بومدوحة ، نائب مدير **برنامج الشرق الأوسط وشمال إفريقيا بمنظمة العفو الدولية** ، "**حكم الإعدام بحق الشيخ نمر باقر النمر هو جزء من حملة حكومية لقمع كل رأي معارض في السعودية. وهذا ينطبق أيضا على كل الذين يدافعون عن حقوق الأقلية الشيعية**".

يذكر أن الشيعة يشكلون ما بين 10 إلى 15 بالمائة من السكان في السعودية. وقد كان النمر دعا العام 2009 إلى "**انفصال القطيف والاحساء وإعادتهما إلى البحرين لتشكيل إقليم واحد كما كانت سابقا**". في إشارة إلى حقبات السابقة.

من جهته ، يتهم رياض خواجي ، رئيس **معهد التحليلات العسكرية للشرق الأوسط والخليج** في دبي ، إيران بأنها وراء الاضطرابات التي تشهدها منطقة القطيف ، مؤكدا أنه "**لم تكن هناك اضطرابات قبل أن تطلق إيران مساعيها لتصدير الثورة الإيرانية إلى الخارج**". ويشير إلى أن من بين الأسباب وراء تعكر صفو العلاقات بين إيران والسعودية ودول الخليج يعود إلى محاولات الجهورية الإسلامية الشيعية التدخل في الشؤون

الداخلية للدول العربية من خلال تحريض الشيعة فيها لكسب مزيد من النفوذ في المنطقة.

## الحكم قد يذكي نيران حرب طائفية

الحكم لم يثر غضب شيعة السعودية فحسب ، بل أيضا شيعة العراق ، حيث هدد فصيل شيعي يطلق على نفسه **"حزب ثأر الله"** باستهداف المصالح السعودية في العراق والمنطقة في حال مضت السلطات السعودية بتنفيذ حكم الاعدام بحق النمر. إيران بدورها ، التي ترى نفسها القوة المدافعة عن الشيعة ، حذرت من خطر تأجيج التوتر في العالم الإسلامي.

فهل تنذر التطورات الأخيرة بانخراط السعودية في صراع طائفي في المنطقة تحرك خيوطه إيران؟

كلما تعلق الأمر بالشيعة في المنطقة العربية توجه أصابع الاتهام إلى إيران ومساعيها في كسب النفوذ من خلال استخدام ورقة الشيعة وتأجيج الصراعات الطائفية؟

الخبير الألماني في شؤون الشرق الأوسط يوخن هيبلر لا يستبعد تصاعد التوتر في المنطقة بأسرها تحت غطاء الطائفية ، مشدداً ، في الوقت نفسه ، أن الفوارق بين السنة والشيعة في الواقع ليست مصدر للأزمات وإنما تستخدم كذريعة ، و**"المشكلة تكمن في أنه عندما تكون هناك نزاعات وحروب مسلّحة في**

**العراق وسوريا وغيرها، عندها يتم إضفاء أهمية من نوع آخر على الفوارق الطائفية أكثر مما كان عليه الأمر. الأطراف المتورطة في هذه النزاعات تسعى إلى إضفاء شرعية إيديولوجية على مواقفها من خلال استخدام الفوارق الطائفية التي هي في واقع الأمر لا تشكل أي سبب وراء اندلاع صراعات. ويتم استخدام الفوارق الطائفية لخلق شرعية سياسية".**

## المصالح على حساب حقوق الإنسان؟

وفيما أدانت منظمات حقوقية حكم الإعدام بحق النمر، تحفظ الغرب في توجيه أي انتقادات للسعودية، الأمر الذي يرجعه هيبلر إلى وجود مصالح غربية في السعودية، ف"**الغرب يرى أن السعودية تلعب دوراً مهماً في الحفاظ على استقرار بعض دول المنطقة نظراً لدورها على الصعيد الإسلامي وتواجد أهم المقدسات الإسلامية فيها، وتحظى بمركز مرموق، وهو ما يريد الغرب استخدامه أيضاً لإخماد بعض النزاعات الإقليمية."** ويضيف الخبير الألماني: "**كذلك تُستخدم السعودية كقوة لوقف الطموحات التوسعية الإيرانية**"، لافتاً إلى أنه ليس من مصلحة للغرب في زعزعة استقرار السعودية أكبر مصدر للنفط في العالم.([23])

---

([23]) شيعة السعودية.. كبش فداء لصراع إقليمي ومصالح دولية؟ - شمس العياري – جريدة القدس العربي اللندنية – 22/ 10/ 2014 – الرابط:

(دوتشيه فيليه)

## عن التشدد الشيعي

يجب ألا تحملنا تجاربنا العابرة على نسيان إسهامات بعض "**المثقفين التنويريين**" من مواطنينا الشيعة في مسار النقد الذاتي للقناعات المذهبية التقليدية. بل يجب، أكثر من ذلك، أن نلتمس العذر لهؤلاء الزملاء حين لا نجد منهم الجرأة نفسها التي يتحلى بها "**التنويريون**" السنة.

كتب الزميل الأستاذ محمد بن عبد اللطيف آل الشيخ مقالاً عنوانه: "**وماذا عن التشدد الشيعي؟**" (الجزيرة، 8 /8 /1431هـ) عبَّر فيه عن صدمته من أن "**المثقفين**" السعوديين الشيعة لا ينتقدون بعض المسلمات "**الشيعية**" التي تتسبب في كثير من التنازع بين الشيعة والسنة.

ونشأ استنتاجه هذا عن لقائه بأحد "المثقفين السعوديين الشيعة" في جدة فوجده، على الرغم من كونه يبدو "منطقياً في تحليله، وسعة أفقه، وقراءته للأحداث، وبالذات ما يتعلق منها بقضايا الساعة" يؤمن ببعض الاعتقادات الشيعية المعروفة التي

---

http://www.alquds.co.uk/?p=238710

كان الأستاذ آل الشيخ يتوقع أن هذا المثقف السعودي الـ"شيعي المذهب" سينتقدها أسوة بنقد "المثقفين التنويريين السعوديين السنة" لبعض مسلمات التيار السلفي كما يمارس في المملكة.

وأدى هذا الموقف الصادم الذي بدر من هذا "المثقف السعودي شيعي المذهب" بالزميل آل الشيخ إلى أن يتأكد "أن الشيعة السعوديين عندما يتحدثون عن التعصب أو التشدد المذهبي يقصدون به المذاهب السنية على وجه التحديد؛ فالنقد الذاتي الذي يتحدثون عنه ويحتفون به، وبمن يرفع شعاره، موجهٌ لنقد التراث السني، أما التراث الشيعي وما يحمله من قضايا، بل وخزعبلات أحياناً، لا يمكن أن تواكب العقل فضلاً عن العصر؛ فهذا خارج النقاش، وعندما يحدث ويمس النقاشُ المأثورَ الشيعي، يتحول الشخص الشيعي الذي أمامك إلى (مُعمم) متكلس يردد ما يتلقفه من تراثه بغض النظر عن معقوليته من عدمها".

ويتساءل: "لماذا لم يظهر مثقف شيعي (سعودي) ينتقد ممارسات بعض مفاهيم مذهبه، ويحاول أن يطرح بعض القضايا على بساط البحث، كما يفعل التنويريون من أهل السنة، في محاولة للدفع بمجتمعاتنا إلى التطور والتغير ومواكبة العالم المتحضر؛ وما زال السؤال يبحث عن جواب؟!".

ولا شك أن الزميل العزيز معذور إن صُدم بموقف هذا "**المثقف**" الذي كان المتوقع منه أن يسهم في النقد الذاتي للمذهب الذي يعتنقه ، خاصة تلك المقولات التي تمنع الانسجامَ الوطني في المملكة. ومع هذا يجب القول إن هذه الصدمة مماثلة جداً للصدمة التي نشعر بها حين نجد مثقفين سعوديين "**سنة**" يدافعون عن بعض الآراء السنية المتشددة ، وهؤلاء كُثْر.

ويكمن المشكل في ما قاله الزميل العزيز في التعميم على "**المثقفين السعوديين الشيعة**". وهذا ما يخالفه الواقع بشكل واضح.

فمما يشهد به الواقع أن بعض السعوديين الشيعة ، من المثقفين والعلماء ، أبدوا كثيرا من النقد الذاتي لبعض المقولات والممارسات التقليدية "**الشيعية**" ، وشككوا في صحة كثير منها ، وتعرضوا بسبب ذلك إلى كثير من المشكلات.

وكنت أشرت في مقالات سابقة إلى عدد من تلك الجهود ، ومن ذلك ما أشرت إليه في مقال ("**بيان المثقفين الشيعة**" ، الوطن ، 20 /12 /1429هـ) تحدثت فيه عن بيان أصدره بعض "**المثقفين الشيعة**" العرب ، ومنهم سبعة من المثقفين السعوديين ، ينتقدون فيه بعض المقولات والممارسات التقليدية الشيعية.

وكان موقع "العربية" الإخباري أورد (22 /11 /1429هـ) مقتطفات من ذلك البيان. ومنها دعوة الموقعين عليه "أبناء الشيعة في كافة الدول العربية ليكونوا حجر الأساس لبدء عهد جديد من العلاقة الإيجابية المثمرة بين الشيعة العرب ودولهم الوطنية وإخوتهم المواطنين فيها".

واعتبر البيان "أن المتتبع لنشاط الطائفة الشيعية الكريمة في معظم أنحاء العالم وبالخصوص في الخليج العربي يلاحظ انشغالها شبه التام بالقضايا الطائفية والصراعات المذهبية ومناوشاتها التي لا تنقضي مع أختها الطائفة السنية الكريمة".

وأضاف "كوننا من أبناء الشيعة من الجيل الجديد، توصلنا إلى قناعة برفض الكثير من المعتقدات والأحكام الشرعية التي ننظر لها كعائق حقيقي أمام شيوع وتجسيد قيم المحبة والتسامح مع إخوتنا من أبناء المذاهب الإسلامية فضلاً عن الأديان الأخرى".

وتضمن البيان 18 بنداً تدعو لمراجعات فكرية وعقيدية وسياسية يتوقع أن تحدث ضجة كبيرة في الأوساط الشيعية لأنها تتعلق بأركان أساسية في المعتقدات الشيعية خصوصًا مسألة "التقليد" و"إعطاء الخمس لرجال الدين" و"ممارسات التطبير والدق على الصدور في طقوس عاشوراء" و"نظرية ولاية الفقيه".

وقد تعرَّض الموقعون على ذلك البيان إلى كثير من التشنيع ، وكيلت لهم شتى التهم كالجهل والمروق من الدين ، وغير ذلك مما يشبه ما يرمي به المتشددون "السلفيون" "المثقفين التنويريين" السعوديين السنة.

لذلك كله يجب ألا تحملنا تجاربنا العابرة على نسيان إسهامات بعض "المثقفين التنويريين" من مواطنينا الشيعة في مسار النقد الذاتي للقناعات المذهبية التقليدية. بل يجب ، أكثر من ذلك ، أن نلتمس العذر لهؤلاء الزملاء حين لا نجد منهم الجرأة نفسها التي يتحلى بها "التنويريون" السنة.

وسبب ذلك أن ظروف "التنويريين الشيعة" تختلف اختلافا بيِّنا عن الظروف المواتية التي يتمتع بها "المثقفون التنويريون" السنة في المملكة.

ذلك أن "المثقفين التنويريين" السنة ينتمون إلى "الأكثرية" التي يمكن أن يظهر فيها عدد أكبر من "المثقفين" ، وذلك ما يجعل صوتهم أوضح وأعلى وأوسع ، بخلاف "المثقفين التنويريين" الشيعة الذين يقل عددهم تبعاً لانتمائهم للفئة "الأقل" عددًا.

ثم إن "الأكثرية" السلفية في المملكة لا تشعر بالقدر نفسه من التهديد الذي تشعر به "الأقلية" الشيعية. وهذا ما يجعل بعض "المثقفين" الشيعة يُحجمون عن الظهور بمظهر الناقد

لمسلمات مذهبهم لأنهم يعرفون شعور هذه "**الأقلية**" بأنها مهدَّدة، وهو ما سيجعل نقدهم يعد من باب "**الخيانة**" لـ "**الطائفة**" بغض النظر عن صواب ذلك النقد. وربما ينشأ عن هذا أن يوازن "**المثقف الشيعي السعودي**" بين الأولويات فيحجم عن النقد الذاتي لمذهبه.

ويمكن أن نرى أثر الشعور بالانتماء إلى "**الأغلبية**" الذي يدفع باتجاه الجرأة على النقد الذاتي من مقارنة نقد "**المثقفين التنويريين**" السنة الجريء في المملكة بالنقد الجريء الذي ينتجه مفكرون كبار كُثْر في إيران لكثير من المسلمات المذهبية الشيعية. ومرد ذلك أن الشيعة هناك يمثلون "**الأكثرية**" وهو ما يجعل "**المثقفين التنويريين**" الإيرانيين في وضع آمن شبيه بوضع "**المثقفين السعوديين**" السنة في المملكة. وهذا ما يجعلهم يمارسون نقداً جذرياً لكثير من المسلمات المذهبية الشيعية.

ومن هنا فعلاج الصدمة التي شعر بها الزميل آل الشيخ، لا يكون بالتشنيع الذي يولد التنافر، بل في أن يبادر "**المثقفون التنويريون السعوديون السنة**"، إلى تشجيع "**المثقفين التنويريين السعوديين الشيعة**" بالانفتاح عليهم وإشعارهم بأنهم ينتمون إلى "**أكثرية وطنية مثقفة**" تعمل على تجاوز الانتماء

المذهبي وتتوحد في مواجهة النزعات التشددية في المذهبين كليهما.

(وبعد انتهائي من كتابة المقال وجدت أن بعض المواقع الإخبارية نشرت بيانا وقعه ستون مثقفًا وكاتبًا سعوديًا شيعيًا يعلنون فيه "تضامنهم مع نهج الاعتدال والتسامح والوسطية والحوار المفضي إلى السلم الاجتماعي والوحدة الوطنية". وربما أعلق على ذلك البيان في مقال تال).([24])

---

([24]) عن التشدد الشيعي ــ مقال ــ حمزة قبلان المزيني ــ جريدة الوطن السعودية ــ 29 / 7 / 2010 ــ الرابط:

http://www.alwatan.com.sa/Articles/Detail.aspx?ArticleId=1498

## الرِّياضة تتسافل: الشّيعة هدف السنَّة لا شيء!

د. رشيد الخيّون

باحث عراقي متخصص في الفلسفة الإسلامية. من كتبه: "100 عام من الإسلام السياسي بالعراق".

لستُ مِن متابعي كرة القَدم، ولا أفهم بقوانينها، وحتى هذه اللَّحظة لا أميز بين ضربة الجزاء وضربة الزَّاوية، فهذا الإحساس (الرياضي) يحتاج إلى أوليات لا يأتي على كِبرٍ. نشأتُ على أرض يحيطها الماء مِن كلِّ جانب، وكانت المواصلات – بين جزيرة وأخرى – القوراب (المشاحيف)، وما زلت مزهوًّا بهذا القارب بعد أن رأيته مجسدًا بأثر سومري، معروضًا في المتحف البريطاني، معنى هذا أن عمره نحو ستة آلاف عام. كان مواطنونا الصَّابئة المندائيون ورثوا صناعته مِن الأولين.

أريد القول: لا أرض يابسة عندنا – آنذاك – تكفي للعبة كرة القدم، لذا ركزنا على كُرة الطائرة، ومِن منطقتنا ضُم فريق

المحافظة (النَّاصرية)، شباب حسموا أكثر مِن مباراة لصالح المحافظة. يُضاف إلى ذلك أن التلفزيون لم يدخل المنطقة إلا عام 1963، كي نشاهد المباريات التي تُقام بالعاصمة، أدخله أخي الأكبر وليد الخيون، في مغامرة تحملها شخصيًّا، فأتى حامله مِن البصرة، فأعجب به قائم مقام القضاء، فجعله في بيته، ثم أتت الأجهزة تباعًا.

مِن قبل كنا نتحلق حول جهاز الراديو، الجديد حينها أيضًا، ونسمع باسم "**عمو بابا**"، ونتحمس عندما تذاع مباريات لكرة القدم بين العِراق ودولة أخرى، كشعور وطني لا معرفة وباع بأُصول اللُّعبة. هذا عُذري في عدم عِلمي واهتمامي في كُرة القدم، فيومًا ذهبت إلى صديق مِن أصدقاء الطُّفولة، خلال الدِّراسة ببغداد، وأعلم أنه مثلي لا شأن له بهذه اللعبة، لكني وجدته منشدًّا لمباراة ما، ويسكتني كلما حاولت الحديث، بعدها علمت أنه يشجع الفريق الخطأ، فضحكتُ وضحك.

على أية حال، جرت المباراة بين السعودية والعِراق، في الأسبوع الماضي، وكالعادة لم أتابع المباراة، ففي هذه الحالات عليَّ بالنتائج؛ لأعلن فرحي بفوز العِراق وحزني لخسارته. اتصل بي صديق سعودي، وهو مِن الكُتاب المعروفين، يُهنئني بفوز العِراق، ولا أفصح باسمه خشية عليه مِن غضب مشجعي الفريق

السُّعودي ، ومنه علمت بالنتيجة. قلت له: ألست حزينًا؟ قال: نعم ، لكن فريقكم لعب "**حلو**".

كانت هذه المباراة بين الفرق الآسيوية خاصة بعمر حتى اثنين وعشرين عامًا ، وقبلها كان العِراق قد فاز على السعودية ، في مباراة كأس آسيا ، وجاب العراقيون شوارع العواصم حيث يقيمون ، بالأعلام والرايات ، وحينها زهوت بهذا الاختلاط الجميع ؛ لأن الرِّياضة تجمع وغيرها يُفرق ، وكان الملك عبد الله بن عبد العزيز قد أبرق إلى الرئيس جلال طالباني يهنئه فيها بفوز العِراق على بلاده ، وهي نادرًا ما تحدث بين الدُّول.

لكن ما ليس على البال أن تتسافل الروح الرِّياضية إلى أسفل السافلين ، أن صحيفة بغدادية ، مِن دون بقية الصحف ، وشحت صفحتها الأولى بمانشيت لا يُليق بهذا النَّصر الِرّياضي ، وشعرتُ بخجل مِن الصَّديق الذي قَدَّم لي التهانئ وبشرني بفوز فريقنا ، وجعلني أباتُ تلك الليلة ملء جفوني منعمًا.

بالتأكيد أن الطَّائفية تفرض ظلها الثقيل على النَّاس ، ومَن حاول تشويه النَّصر الرِّياضي ، مِن الإعلاميين ، إما كان متملقًا للوضع السائد ، أو أن عقله خراب ، وإذا فحصت تاريخه ستجده في العهد السَّابق يقوم بالمهمة نفسها لكن بشعار حزبي. فما معنى أن تتصدر صحيفة بمثل هذا المانشيت الكريه ، وتُقدم الرياضة العِراقية خالية من روحها الرِّياضية ، وليس أكثر شيوعًا مِن عِبارة:

"**خذها بروح رياضية**"، وتعني التعالي على التعصب والتزمت كافة، أي نوع مِن أنواعه. لذا وجدت في مقال الكاتب علي حسين، الذي يحترق على بلاده وكأني أرى في حروفه عصارة قلبه، المنشور في صحيفة "**المدى**" البغدادية: "**ليس المباراة بين شيعة وسُنَّة**"، دافعًا لكتابة هذا التَّنبيه.

لنحتفظ بشيء مِن بريق العِراق الحضاري، والرِّياضة في المقدمة. فالمباراة كانت بين فريقين، مختلطين في لاعبيهما، لا بين طائفتين، فلا الشّيعة كسبت هدفًا ولا السُّنَّة خسرته

أقرأ في الصّحف السعودية الداخلية يوميًّا مقالات ضد "**داعش**"، التي يُنقل عن المدرب العراقي، وأتمنى أنها فريَّة عليه، بأنه وصف لرئيس الوزراء نوري المالكي بأنه وفريقه كان يلعب مع "داعش"! أقرأ لعبد العزيز السماري، ولحسن مشهور، ولإبراهيم المطرودي، وإبراهيم البليهي، وتوفيق السَّيف، ويوسف أبا الخيل، ولمحمد علي محمود، ولحصة آل الشيخ، ولمحمد آل الشيخ، وداود الشّريان، والشيخ عيسى الغيث، وتركي الدّخيل، ولعشرات آخرين، ينبهون به المجتمع السعودي مِن فتاوى الجهاد، وهذه الصحف: "**الرياض**"، و"**الشرق**"، و"**الجزيرة**"، و"**عكاظ**"، و"**الاقتصادية**". وأن كُتابًا سعوديين معروفين غامروا، وسط فورة الطّائفية، ورشحوا المرجع الدِّيني الشِّيعي علي السِّيستاني لنيل جائزة نوبل للسلام. وعندما تناوله أحدهم في

خطبته الدِّينية ، رد عليه العديد مِن الكُتاب وفي الصحف المذكورة وغيرها ، وكتبت حينها مقالاً: "**سعوديون يذبون عن السيستاني**".

أقول: تبلغ مساحة السعودية نحو مليوني كيلو متر ، وعدد سكانها نحو ثمانية وعشرين مليونًا ، فليس مِن المعقول أن تُجمع هذه المساحة وهذا العدد مِن النَّاس تحت عنوان واحد. أخبرني الصَّديق الباحث محمد رضا نصر الله ، عضو مجلس الشورى ، أنه عندما مرَّ أحد مراجع النَّجف ، في زمن سابق ، متوجهًا إلى الحج ، عبر الرياض ، خرجت إمارة الرِّياض لاستقباله والحفاوة به ، وأظنه قال لي: هو الشَّيخ محمد حسين كاشف الغطاء (ت 1954).

نعم ، هناك متعصبون من رجال الدِّين داخل السعودية ، لكن كم مِن المثقفين والمثقفات ورجال دين يحاولون صدّ هذا التعصب ، وهم أنفسهم يعانون مِن ذلك.

كان اللغوي محمد مهدي المخزومي (ت 1993)، مِن الكوفة ، والنَّاقد الكبير علي جواد الطاهر (ت 1996) مِن الحلة ، وعالم النفس نوري جعفر (ت 1991)، وغيرهم عملوا بالرياض ، وصَنف الطَّاهر موسوعة "**المؤلفين السعوديين**" (أربعة مجلدات)، وارتبط الأخير بصداقة راقية مع مؤرخ الجزيرة العربية حمد الجاسر (ت 2000)، وقصة هؤلاء الأساتذة مشهورة عندما حاول مراقب الإخوان المسلمين ومؤسسهم محمد محمود الصَّواف (ت 1992) إيذاءهم ؛ لسبب سياسي ، دافع عنهم وزير

المعارف آنذاك حسن بن عبد الله آل الشِّيخ (ت 1987)، واستمروا يعملون هناك حتى تحسن الظرف بالعِراق وعادوا ، وقد رأيت صورة اللغوي المخزومي معلقة في بهو قسم اللغة العربية في جامعة الملك سعود.

دعوا الرِّياضة فوق الميول والاتجاهات ، ودعونا نهنأ بالنَّصر الذي حققه فريقنا ، وعذرًا للصديق السُّعودي الذي بشرني بهذا النَّصر ، وعذرًا لمن ناصرَ العراق بكلمة وموقف ضد الإرهاب.

إن في تسافل الرِّياضة إلى هذا المستوى ، وهي العالية بروحها ، لا يفوتني ما عناه الشَّاعر القديم:

لقد هزُلت حتى بدا مِن هُزالها

كِلاها وحتى سامها كلُّ مفلسِ

لا أعرف قائله.. وأخبار الإنترنت ليست ثقة عندي ، لكن ما وجدته أن أبا علي الحسين بن سعد الآمدي (ت 444هـ) قد ضمنه في قصيدة له يقول:

تصدر للتدريس كلُّ مهوسٍ

بليد تسمَّى بالفقيه المدرسِ

فحق لأهل العِلم أن يتمثلوا

ببيتٍ قديمٍ شاع في كلِّ مجلسِ..

(الحموي ، معجم الأدباء) ، والبيت الذي شاع في كلِّ بيت ومجلسٍ هو "لقد هزُلت ...".

ليس بمصلحتنا – نحن العِراقيين – أن تتسافل الرِّياضة إلى السِّياسة ، ومع قولي: ما نسمع ونرى ليس بسياسة. لنحتفظ بشيء مِن بريق العِراق الحضاري ، والرِّياضة في المقدمة. فالمباراة كانت بين فريقين ، مختلطين في لاعبيهما ، لا بين طائفتين ، فلا الشّيعة كسبت هدفًا ولا السُّنَّة خسرته.([25])

([25]) الرِّياضة تتسافل: الشِّيعة هدف السنَّة لا شيء! – 30/ 1/ 2014. – مجلة المجلة اللندنية – الرابط:

http://www.majalla.com/arb/2014/01/article55249747

## الشيعة في السعودية.. حقوق مسلوبة أم ادعاءات مبالغ فيها؟

**2012/11/21**

تشير تقارير أصدرتها منظمات دولية وعربية إلى أن أبناء الأقليات الدينية في المملكة العربية السعودية يعانون بشكل عام من سياسات حكومية تقيد حرية التعبير والمعتقد، ناهيك عن القيود المفروضة على التظاهر السلمي والانترنت.

وتقول منظمة **هيومن رايتس ووتش** المعنية بحقوق الإنسان في تقريرها السنوي لعام 2012 إن أبناء الطائفتين الشيعية والإسماعيلية يعانون تمييزاً يصل في بعض الأحيان إلى حد الاضطهاد، وقد يتعرض من يفصح عن معتقداته الشيعية بشكل سري أو علني إلى الاحتجاز أو الاعتقال، وخاصة في الحرم المكي والمدينة، حسب قول المنظمة الدولية.

وتضيف **هيومن رايتس ووتش** في تقريرها أن التمييز الرسمي ضد الشيعة يتضمن "**الممارسة الدينية، والتربية، والمنظومة العدلية**"، فيما يعمد المسؤولون الحكوميون إلى

"إقصاء الشيعة من بعض الوظائف العامة والرفض العلني لمذهبهم".

## <u>حقوق مسلوبة ؟</u>

ويتفق ناشطون من المذهب الشيعي تحدثنا إليهم على أن التمييز هو أهم مشكلة تواجه الشيعة في المملكة.

يقول الناشط السعودي الشيعي وليد سليس إن مطالب الشيعة في البلاد لا تتعدى حدود تطبيق إصلاحات سياسية واجتماعية تعطي أبناء مذهبه حقوقا تساوي ما يتمتع به أبناء السنة في المملكة.

وأضاف أن الحكومة تغض الطرف عما يعانيه الشيعة في حياتهم اليومية وفي المساجد والجامعات والمؤسسات العامة من غبن وظلم ، حسب وصفه ، حيث لا يحصل الموظف الشيعي على فرصة للترقية في وظيفته ، فيما يواجه الطالب الجامعي مضايقات تعكر صفو الدراسة ، على حد قوله.

ويشير إلى أن الحكومة تفرض قيوداً حتى على بناء دور العبادة للشيعة من مساجد وحسينيات ، وترفض منح التراخيص في هذا الصدد.

ومن ناحيته ، يقول المفكر والكاتب الشيعي توفيق السيف إن التمييز يتضمن عدم السماح للشيعة بتولي مناصب

عامة كوزير أو سفير أو حتى عميد كلية ، ويشير إلى أن آخر رئيس بلدية من الطائفة الشيعية في المملكة كان في عام 1961.

## "الواقع يدحض الأقاويل"

الإخوان من معتنقي المذهب الإثنا عشري (الشيعي) يتمتعون بمناصب حكومية رفيعة وهم في مراكز متقدمة جداً.

وفي المقابل ، أبدى مدير تحرير **جريدة الجزيرة السعودية** جاسر عبد العزيز الجاسر استغرابه من الاتهامات المتعلقة بالممارسة التمييزية ضد الشيعة في المملكة ، وقال في اتصال مع موقع "راديو سوا" إن "الواقع على الأرض يدحض تلك الأقاويل".

ومضى الجاسر يقول إن "الإخوان من معتنقي المذهب الإثنا عشري (الشيعي) يتمتعون بمناصب حكومية رفيعة وهم في مراكز متقدمة جداً"، معتبراً أن "أولئك الذين يتحدثون عن تمييز هم قلقة قليلة يتبنون سياسات وأجندات خارجية"، حسب قوله.

وأضاف أن الذي "يتجول في المناطق التي يشكل الإخوان من معتنقي المذهب الإثنا عشري غالبية فيها، يجدها من أفضل المناطق، فمدينة القطيف وحتى مدينة العوامية التي حولها أحد المشاغبين (الشيخ نمر النمر) إلى بؤرة للمشاكل، من أجمل المناطق" في المملكة.

وكانت السلطات السعودية قد اعتقلت رجل الدين الشيعي نمر باقر النمر المعروف بمواقفه المتشددة تجاه الأسرة الحاكمة في السعودية ، في يوليو/ تموز الماضي بتهمة إثارة أعمال الشغب في بلدة العوامية ، وتعتبره السلطات من أبرز المحرضين على المظاهرات التي شهدتها القطيف في مارس/ آذار 2011.

وبدوره يقول أستاذ التاريخ في **جامعة الملك سعود** عضو مجلس الشورى السابق الدكتور محمد عبد الله آل زلفة إن حقوق الجميع مكفولة في المملكة ، وأضاف أن شريحة كبيرة من الشيعة يشغلون وظائف في القطاع الطبي والمالي والقطاعات الأخرى.

ويعتقد آل زلفة أن ضعف أو انعدام تمثيل أبناء الطائفة الشيعية في أجهزة الأمن والجيش يعود إلى "طبيعتهم في الأساس. فهم يعزفون عن مثل هذه القطاعات".

## في المساجد ووسائل الإعلام

هل من الصحيح أن يتم لعني على المنابر كل يوم ، ويضطهد حقي كل يوم ، وفي كل لحظة.. ويتم سبي لأتفه الأسباب. غير أن مدير **مركز الشرق لحقوق الإنسان** الناشط الشيعي أحمد الربح يرى من جانبه أن ثمة تمييزًا ضد الشيعة في المملكة لا يقتصر على الحكومة فقط ، بل يمتد أيضًا ليشمل وسائل الإعلام وبعض علماء الدين الذين يصفون الشيعة في البلاد بـ"الرافضة" و"المجوس".

وتساءل قائلاً: "هل من الصحيح أن يتم لعني على المنابر كل يوم، ويضطهد حقي كل يوم، وفي كل لحظة.. ويتم سبي لأتفه الأسباب".

لكن جاسر الجاسر نفى إطلاق وسائل الإعلام صفة "الرافضة" على الشيعة في السعودية، مؤكدا أنه "لا يجرؤ أي شخص على كتابة هذا الشيء بحق الشيعة لأننا نعتبره مساساً بالوحدة الوطنية".

أما بالنسبة لأئمة المساجد، فيقول الجاسر إن الحكومة تحاسب "أي إمام مسجد يخرج عن النص وتوقفه عن العمل"، رغم أن هناك من المتشددين الشيعة من يصفون أبناء السنة "بأوصاف إقصائية وتكفيرية وحتى أن بعضهم يشتمون الصحابة وأم المؤمنين عائشة".

يذكر أن السلطات السعودية كانت قد أوقفت إمام وخطيب المسجد النبوي الشيخ علي الحذيفي عن إمامة هذا المسجد بعد خطبة تحدث فيها عن الشيعة ووصفهم بـ"الروافض" في المملكة.

وبدوره وصف آل زلفة أولئك الذين يطلقون تلك التسميات على الشيعة بـ"المتطرفين" الذين لا يختلفون كثيرا عن نظرائهم في المذهب الشيعي.

وأضاف أنه لو كان وزيرًا للشؤون الإسلامية لفصل "**أي إمام يأتي على سب أو يؤذي أي إنسان يختلف معه في المذهب**".

## مشكلة أكبر

من جانبه يقول الناشط الحقوقي جعفر الشايب إن المشكلة الأكبر تتعلق بعدم وجود قوانين وتشريعات تحمي من يعتدى عليهم بهذه الطريقة ، مستشهدًا برفض محكمة في المدينة المنورة دعوى قضائية أقامها مواطنون شيعة ضد رئيس لجنة المحامين في الغرفة التجارية الصناعية في المدينة المنورة سلطان بن زاحم بعد أن وصف الشيعة بأنهم "**أبناء حرام**" ، حسب قول الشايب.

وأظهر **موقع شبكة الأحساء الإخبارية** تغريدة لإبن زاحم على حسابه على **موقع تويتر** يقول فيها "**أعتقد لو تم تحليل أبناء الشيعة لما وجدت إلا القليل هم من أصلاب أبائهم المنسوبون إليهم، أي غير معروفي النسب، أبناء زنا**".

لكن الجاسر يؤكد في المقابل أن أغلبية الشيعة في السعودية هم "**مواطنون سعوديون انتماؤهم عربي واضح جداً**" ، ويتبعون المرجع الديني علي السيستاني في العراق ، و"**يرفضون مرجعية علي خامنئي (في إيران) وحتى نظرية ولاية الفقيه**".

## "على الشيعة التحرر"

ويقول آل زلفة إن مشكلة الشيعة الحقيقية تكمن في زعاماتهم الدينية وأعتقد "أنهم بحاجة إلى أن يتحرروا من هيمنة" تلك الزعامات عليهم.

وأضاف أن بعض زعماء المذهب يضطهدون "ضعفاء وفقراء" الشيعة مستغلين مكانتهم الدينية أو نسبهم ، مشيرًا إلى أن رؤيته هذه تنطبق أيضاً على المذهب السني.

ودعا آل زلفة إلى "تحرير العقل من مدعي القيادات أو الزعامات الدينية على أي مذهب كان"، فالدين ، حسب قوله ، يدعو إلى احترام كرامة الإنسان وليس إلى "إذلاله واستغلاله".

## حلول للأزمة

ويجمع الناشطون الشيعة على أن الحل يكمن في مشاركة الحكم والسلطة وإعطاء أبناء الطائفة الشيعية وبقية الأقليات في البلاد حقوقها العادلة ، حسب قولهم ، ووضع آليات وتبني سياسات تعزز روح المواطنة وتشيع الاحترام بين طبقات المجتمع وتمنع تجاوز مواطن على آخر دون عقاب.

ويقول أحمد الربح إن "مشكلة السعودية هى أن النظام السياسي في البلاد قائم على أساس التمييز ضد الشيعة في كل

مؤسسات الدولة، ومن ثم فإنه على النظام السياسي أن يقتنع بضرورة إشراك الشعب في الحكم".

فتلك المطالب، والحديث للربح، حق إنساني "فأنت لا تطالب بشيء لا يمت لواقع بصلة".

ويرى توفيق السيف أن "الحكومة السعودية غير مهتمة بإجراء إصلاحات، فلو كانت مهتمة لوضعت قرارات تمنع فيها التمييز أو إثارة الكراهية".

وعلى العكس من ذلك، يؤكد جاسر الجاسر أن الحكومة السعودية طبقت منذ عهد الملك فهد إصلاحات استفاد منها الجميع في المملكة مشدداً على أن "الوضع جيد جدًا" في المملكة.

وكانت حكومة الرياض قد أعلنت في عدة مناسبات دعمها أية جهود تصب في مصلحة تحقيق الوحدة والتآلف بين مكونات وأطياف الشعب، من بينها مبادرات تعزز الروابط بين السنة والشيعة في البلاد.

هذا ، ولم ترد وزارة الشؤون الإسلامية والأوقاف والدعوة الإرشاد أو أي من المسؤولين في السعودية على اتصالاتنا المتكررة بهم للحديث عن الموضوع.([26])

## المسألة الشيعية في المملكة

**منصور النقيدان**

في نهاية أغسطس الماضي قضيت أيامًا ثلاثة في مدينة القطيف شرق السعودية، في فترة من الهدوء النسبي، وشبه انعدام لنقاط التفتيش وسلاسة الحركة، قمت برصد انطباعات الأهالي ورؤيتهم لحاضرهم ومستقبلهم وشيء من مخاوفهم. كان التضجر والتململ والانزعاج من الحركية النشطة التي لا تهدأ في المنطقة هو السمة الثابتة، وباح بعض من أصدقائي ومعارفي بالشكوى ممن تسببوا بالاضطرابات والاعتداءات الأمنية الذين جلبوا الكوارث والمصائب على أهالي القطيف، في الوقت نفسه كان وسط بلدة العوامية يشهد مشروعًا حكوميًا لتطوير وسط المدينة ونزع الملكيات الذي قوبل بسعادة وارتياح.

---

([26]) الشيعة في السعودية.. حقوق مسلوبة أم ادعاءات مبالغ فيها؟ - موقع قناة الحرة – 7/ 12/ 2014 – الرابط:

http://www.alhurra.com/content/shiites-claim-discrimination-in-saudi-arabia/215448.html

ومن المثير لدهشتي أنني قلما حضرت مجلسًا أو التقيت بوجيه إلا وتفاجأت بأن واحدًا أو اثنين أو ثلاثة من أولاده يتلقون تعليمهم الجامعي وما بعده خارج البلاد على حساب دولتهم المملكة العربية السعودية ، في الولايات المتحدة الأميركية أو في بريطانيا أو غيرهما ، بمن فيهم أبناء المواطن السعودي نمر النمر الذي صدر بحقه حكم بالإعدام الأسبوع الماضي.

وفي فرصة نادرة حظيت بمرشد يدلني على الأماكن التي استهدف منها رجال الأمن في الفترات التي شهدت توترًا ومسيرات في السنوات الثلاث الماضية ، وكيف استفاد بعض المسلحين من بعض الأماكن للتمركز فيها لإطلاق الرصاص أو رمي قنابل "المولوتوف". وكان من المؤسف أن بعضًا من السعوديين بمن فيهم سنة من أهالي القصيم ووافدون من سنة إيران يدرسون في الجامعات السعودية ، ومن شيعة من أهالي المنطقة الشرقية قد ألقت السلطات عليهم القبض في نهاية 2013 إثر رصد تخابر لهم مع المخابرات الإيرانية ، عرفوا بخلية التجسس.

يكمن جزء من المشكلة لدى المواطنين السعوديين من شيعة القطيف في بعض من رموزهم الذين تآكلت شعبيتهم ، وذوَى تأثيرهم ، فهم يحرصون على التشبث المرَضي بأن يبقوا هم وحدهم من دون غيرهم في الصورة وأن يحتكروا وسائل التواصل والقنوات مع المسؤولين وأصحاب القرار. وتحتاج سياسة الدولة التي انتهجتها عبر عقود من إسباغ الحظوة على فئة من ذوي التاريخ المعارض من الناشطين السياسيين ، الذين عادوا إلى البلاد في عام 1993 إلى إعادة نظر ، فقد صنعوا صورة مبالغاً فيها عن أنفسهم من أنهم هم صمام الأمان ومرتكز التوازن الاجتماعي

في المنطقة ، وحين عاشت المنطقة انفلاتًا أمنيًا أعلنوا عجزهم عن القيام بدورهم.

وقد نتج عن هذه السياسة أن تدمن فئة منهم دور الوجيه الذي يجب أن يستأثر هو بدور الوساطة في كل صغيرة وكبيرة ، هو ومجموعة صغيرة من أتباعه ومريديه والدائرين في فلكه والمنتفعين بما يمنحهم. وقد نتج عنه مشاكل كبيرة وفساد في القلوب وشحناء بين الناس ، وإقصاء آخرين هم أكثر حكمة وثقة وخوفاً على أمن بلدهم وحدباً على مصالح مواطنيهم.

تبدو اللحظة هذه بعد تطورات الحكم الابتدائي على نمر النمر مناسبة جداً لتكثيف التوعية للأهالي في القطيف على أن العنف والإرهاب تجب إدانته من الجميع ، وأنه لا يمكن البتة لأي مطالب اجتماعية ، أن تجد القبول إذا كان العنف والسلاح والفوضى هو الذريعة لذلك.

على كل سعودي أيًا كانت ديانته أو نحلته أو فكره ، وعلى كل من يعيش على أرض الجزيرة العربية ، وعلى كل من تعبث به حميا العمالة والخيانة أن يعي تمامًا أن المملكة العربية السعودية صمدت ثلاثمائة عام ، وستبقى شامخة قوية ، وأرضًا خصبة ولادة للعظماء ، إلى أن يرث الله الأرض ومن عليها ، وأن سنة التاريخ ونواميسه وسيرورته ، كانت عبر قرون تساير هذا البلد الأمين ، وتحن عليه يد الله من فوقه ، فما عسى أن يفعل بنا أعداؤنا![27]

---

([27]) المسألة الشيعية في المملكة – منصور النقيدان – مقال – 10/20/ 2014 – جريدة الاتحاد الإماراتية – الرابط:

http://www.alittihad.ae/wajhatdetails.php?id=81866

**233**

## محمد المحفوظ: الأكثرية مسؤولة عن انعزال الشيعة
### مجلة العصر الإلكترونية

من الضروري أيضًا فك الارتباط بين الاختلافات المذهبية
**"بكل مستوياتها ودوائرها"** وحقوق الإنسان وضرورة صيانتها
ومنع التعدي عليها؛ فالاختلافات مهما كان حجمها وشكلها
وعمقها لا تبرر لأي أحد أن يتعدى على حقوق الآخرين ويمارس
بحقهم صنوف التهميش والتمييز؛ فحقوق الإنسان ينبغي أن
تكون مصانة من قبلنا جميعاً، بصرف النظر عن مدى قناعتنا أو
قبولنا للأفكار أو العقائد التي يتبناها الطرف الآخر، لنا حق الحوار
والمعرفة والنصيحة، ولكن علينا واجب الاحترام وصيانة الحقوق
والكرامات.

لا تذكر المسألة الشيعية في بلادنا إلا وتتداعى حمولات
تاريخية، ومعارك عقدية، وأحقاد حاضرة أفرزتها أجندات سياسية
إقليمية اختلطت على ضوئها أوراق نسيجنا المحلي وجعلت فئة
من مجتمعنا تعيش بيننا وكأنهم ليسوا منا، أو على الأقل هكذا
يشعرون.

المسألة الشيعية وهواجسها المذهبية وهواجس الآخرين
أيضاً منها طرحناها على المفكر الشيعي: محمد المحفوظ، فكان
الحوار التالي، علما أن الحوار أجري قبل أحداث البحرين:

### مطالب الشيعة:

- **أستاذ محمد.. كثيراً ما يندد الإخوة الشيعة بالتمييز الحاصل ضدهم، هل التمييز لاعتبارات سياسية أم طائفية؟ وكيف؟**

كل المجتمعات الإنسانية متعددة ومتنوعة على المستويين الأفقي والعمودي، حتى إن التقرير الدولي الصادر في منتصف التسعينيات المعنون بـ "التنوع البشري الخلاق"، أحصى أن في المعمورة أكثر من "10" آلاف تعددية وتنوع ديني ومذهبي وأثني وما أشبه ذلك.

وحين التأمل في أحوال هذه المجتمعات المتعددة نرى أن المجتمعات التي تفسح المجال القانوني لتعددياتها بالتعبير عن نفسها فإنها تعيش الاستقرار السياسي والاجتماعي العميق، أما المجتمعات التي تحارب حقائق التنوع في مجتمعها، فإنها تعيش المشاكل وحالة عدم الاستقرار؛ فالتعددية في مجتمعنا حقيقة تاريخية ومجتمعية، وهي تحتاج باستمرار إلى الإنصات إلى مطالبها وهواجسها، وهذا الإنصات لن يتأتى إلا في سياق إداري وسياسي يستوعب هذه الحقيقة ويوفر لها كل أسباب الحماية والقدرة على التعبير عن ذاتها في سياق متحد وطني واجتماعي.

لكن أليس الشيعة منكفئين على أنفسهم ومنعزلين عن الاندماج في المجتمع — بشكل عام — مما كرس الطائفية والنظرة إليهم بنظرة شك؟

يبدو من المعطيات التاريخية والسوسيولوجية أن الانكفاء والانعزال عن المحيط هو رد فعل عن فعل الإقصاء والتهميش وإطلاق أحكام فقهية تكفرهم؛ فحينما تزداد الضغوطات، وتتعدد

وسائل الإقصاء لامناص أمام أي مجتمع للحفاظ على ذاته إلا الانكفاء والانعزال ، والذي يكرس الطائفية ليس انعزال هذا الطرف أو ذلك ؛ لأن الانعزال حالة سلبية ، إن الذي يكرس الطائفية هو السعي الحثيث لإقصاء هذا الطرف أو ذلك من الحياة العامة أو استخدام آلة الفتوى ضد هذا الطرف أو ذلك.

هذا من الناحية التاريخية والسوسيولوجية ، أما من الناحية الواقعية اليوم فإننا نرى لدى شيعة المملكة العديد من الخطوات والمبادرات التي تستهدف كسر حاجز العزلة ، وتوطيد العلاقة الاجتماعية والثقافية مع محيطهم الاجتماعي والوطني.

وإذا كان الشيعة في المملكة يعانون من مشكلة العزلة والانكفاء ، فلا شك أن معالجة هذه المشكلة هي مسؤولية الوطن كله من أقصاه إلى أقصاه ؛ فالأكثرية في المملكة تتحمل مسؤولية وطنية تجاه هذه المسألة ، فهي معنية بالتواصل والانفتاح وإنهاء كل الأسباب والعوامل الموجبة للانكفاء والعزلة.

فحينما يعاني طرف أو مكون من مكونات المجتمع السعودي من مشكلة ، فلا ريب أن معالجة وحل هذه المشكلة ليست مسؤولية الطرف المصاب بها وحده ، بل هي مشكلة وطنية ينبغي أن تتظافر جميع الجهود لعلاج هذه المشكلة وتجاوز متوالياتها المختلفة. وإننا في هذا السياق ندعو أبناء الوطن من أقصاه إلى أقصاه إلى التفاعل الإيجابي مع مبادرات التواصل والتلاقي والتفاهم التي يطلقها أبناء الوطن الواعين سواء من الشيعة أو من غيرهم.

قدم مجموعة كبيرة من علماء ومثقفي الشيعة مطالبهم للإصلاح عام 2003 ، وقد فتح الملك عبد الله باب الحوار بين

مكونات المجتمع السعودي، ما الذي تحقق من تلك المطالب؟ وما الذي لم يتحقق؟ ولماذا؟

إن ما يطلبه الشيعة في المملكة، سواء في بياناتهم العامة أو الوثائق والرسائل التي يبعثوها إلى القيادة الرشيدة، لا يتعدى مفهوم المواطنة المتساوية في الحقوق والواجبات، مع احترام تام لخصوصياتهم المذهبية على المستويين الفقهي والشعائري. فمطلب الشيعة الأساسي أن يتم التعامل معهم بوصفهم مواطنين كاملين مع احترام خصوصياتهم المذهبية، وفي تقديرنا أن هذه المطالب تنسجم والرؤية الإصلاحية لخادم الحرمين الشريفين؛ لهذا فإننا نتطلع إلى أن تتحقق هذه المطالب ويتم تجاوز كل المفاعيل السلبية السابقة على مختلف الصعد والمستويات.

## الحسينيات والدعوة للثأر:

هناك بعض الطقوس كما في بعض الحسينيات والمعتقدات التي يطلب فيها "الثأر لدم الحسين" ألا تعتقد أنها توجه ضد الآخر الذي تسعون للحوار معه؟

هذه من بعض الافتراءات التي تطلق ومع الزمن جرت مجرى المسلمات. إن موسم عاشوراء هو من المواسم الدينية والثقافية والاجتماعية المتميزة، والذي يستهدف زيادة الوعي الديني والاجتماعي، وإن مناشط الشيعة في عاشوراء علنية ومفتوحة للجميع، وأنا أغتنم الفرصة لدعوة شركائنا في الوطن للتعرف على هذه المسألة عن قرب بعيداً عن المسبقات أو حروب الشائعات والتشويه.

هذا من ناحية، ومن ناحية أخرى إننا نعتقد أن الإمام الحسين بوصفه سيد شباب أهل الجنة ليس ملكاً لطرف دون

آخر ؛ فهو أحد أئمة المسلمين ، وإن عملية قتله الدامية هي جريمة تاريخية بحق المسلمين جميعاً ويجب أن تدان من قبلهم جميعاً أيضاً ، وإن من قام بعملية قتله الشنيعة لا يمثل أي طرف مذهبي في الأمة.

وعليه ، فإن هذه الشعارات ليست موجهة ضد السنة في الأمة ، بل هي موجهة ضد الظلم والاستبداد ، وهذه الممارسات لا دين ولا طائفة أو مذهب لها.

إضافةً إلى كل هذا ، فإن معركة عاشوراء حدثت في عام "61" للهجرة ، وفي تلك اللحظة الزمنية لم تتشكل بشكل نهائي المذاهب والطوائف المعروفة اليوم ؛ لهذا فإن ما يقوله الشيعة في عاشوراء ليس موجهاً ضد طائفة أو مذهب ، بل هو ضد الظلم والاستئثار والاستبداد ، وهي ممارسات وسلوكيات لا تنتمي إلى أية طائفة من طوائف المسلمين ، وإن الذي يتحمل مسؤولية قتل الإمام الحسين هو الذي قام بالفعل وشجع عليه وحماه.

وهذه المسألة ليست ضد الجماعات المذهبية التي تشكلت في الأمة بعد معركة كربلاء ؛ وعليه فإن الإنسان الذي يرضى بما جرى على الإمام الحسين هو شريك في هذه الجريمة بطريقة غير مباشرة سواء كان الراضي شيعياً أم سنياً.

والرافض لهذا الجريمة والمندد بها والمستجيب إلى استغاثات الحسين هو من ركب الحسين حتى ولو كان من ولد وأبناء قتلة الحسين. فالمسألة ليست طائفية أو مذهبية وإنما هي مسألة مرتبطة بطبيعة موقف الإنسان من صراعات الحق والباطل ، العدل والظلم ، الاستبداد والحرية.

فالذي ينصر العدل والحرية هو محل إشادة ، سواء كان من هذا الدين أو ذاك المذهب ، والذي ينصر الظلم والاستبداد هو محل رفض وتنديد ، حتى ولو كان من أهل الدار أو الحي أو المدينة الواحدة.

- **وهل صحيح أن بعض المرجعيات الشيعية تستفيد من حالة إذكاء الروح المذهبية لمكاسب شخصية اجتماعية ومادية ودينية ؟**

الشيعة هم المتضررون من إذكاء الروح المذهبية والطائفية في الأمة ؛ لذلك فإن المرجعيات الدينية عبر أطوارها التاريخية المختلفة هي تدعو إلى وحدة المسلمين وتجاوز حالة الخلافات المذهبية في الأمة. ومن يراجع تاريخ المرجعيات الدينية — الشيعية ، سيجد الكثير من النماذج والأمثلة على ما نقول.

**شيعة السعودية والمراجعات:**

- **ماذا عن المراجعات الجادة والتصحيحية لتراث الشيعة على مستوى الأحاديث المروية وعلى مستوى العقائد من قبل مفكرين وعلماء شيعة بارزين، يلاحظ أن تلك المراجعات والتصحيحات لم تصبح ثقافة سائدة لدى عامة الشيعة لتنعكس على السلوك العام، برأيك لماذا؟**

إننا جميعاً ينبغي أن لا نخاف من الجهود الفكرية والمعرفية التي تستهدف تنقية التراث الإسلامي وتعزيز خيار الإصلاح الديني والاجتماعي في الأمة. وإننا جميعاً سنستفيد من أي جهد إصلاحي في الأمة ؛ لهذا فإننا لا ننظر بخوف أو حذر من

أي جهد فكري أو اجتماعي يستهدف الإصلاح، سواء كان هذا الجهد في الإطار الشيعي أو السني؛ لأنه في المحصلة الأخيرة ستكون بركات المحاولات الإصلاحية لصالح الأمة الإسلامية بأسرها. ولكون الفعل الإصلاحي يعتمد على مبدأ التراكم فهو دائمًا يحتاج إلى مدى زمني لكي يتقبله الجميع ويسير على هداه العامة من الناس.

● **وهل يمكن أن يقدم شيعة السعودية على مراجعات وبيانات مثل هذه تساهم في تقريب وجهات النظر؟ كما طرح من قبل المفكر د. أحمد الكاتب من قبل "البيان الشيعي الجديد" انتقد فيه كثير من مسلمات المذهب الشيعي وأرجع نقاط الاختلاف بينكم وبين السنة إلى خلاف تاريخي سياسي، ما موقفكم من خطابات مثل هذه؟**

أعتقد أن مستوى الحراك العلمي والثقافي لدى شيعة المملكة مستوى متقدم، وموضوعات النقد والمراجعة وتطوير سبل العلاقة مع شركائهم في الوطن حاضرة بقوة في نتاجهم الفكري والثقافي؛ ففي الخمسينيات من القرن المنصرم كتب الشيخ علي أبو الحسن الخنيزي كتابه المتميز المعنون بـ "الدعوة الإسلامية إلى وحدة السنة والإمامية" المطبوع في عام 1956 م، والقاضي الشيخ محمد صالح المبارك كتب كتابه الموسوم بـ "الدعوة إلى كلمة التوحيد"، وفي الوقت الراهن كتب الشيخ حسن الصفار كتاباً أسماه: "التعددية والحرية في الإسلام" ــ المطبوع عام 1990م، وللشيخ الصفار دعوة متميزة وجريئة في

آن ، حينما ألّف كتاباً يدعو فيه إلى الحوار والتفاهم بين الشيعة والسلفيين أسماه **"السلفيون والشيعة: نحو علاقة أفضل"**، وللأستاذ زكي الميلاد دراسة فكرية متميزة طبعت عام 1996م بعنوان **"خطاب الوحدة الإسلامية: مساهمات الفكر الإصلاحي الشيعي"**، وغيرها من الدراسات والأبحاث، التي تتجه إلى تجسير العلاقة بين أهل المذاهب الإسلامية وتطوير البيئة المعرفية والاجتماعية التي تقبل بالآخر المختلف وتسعى إلى فهمه ومعرفته.

ومجتمع المملكة العربية السعودية كبقية المجتمعات الإنسانية يحتضن العديد من المذاهب الفقهية الإسلامية، كما يزخر بالكثير من التوجهات الفكرية والمعرفية والسياسية، ونحن أمام هذه التعددية بحاجة إلى نظام علاقة إيجابي بين هذه المكونات والتعبيرات قوامها احترام التنوع في ظل الوحدة الاجتماعية والوطنية؛ وذلك من أجل وأد التوترات ومحاولات التمزيق ومخططات الفتن والتشظي، وذلك حتى تتحول هذه التعددية المذهبية والفكرية إلى رافد أساسي في تقوية الوطن والمجتمع وإثرائه على الصعد الفكرية والثقافية والسياسية.

● <u>الامتداد الخارجي للشيعة طالما كان هاجساً لدى السنة، ما الذي فعله الشيعة لتبديد هذا الهاجس؟ خاصة وأن هناك تحركات ومظاهرات من فترة لأخرى ينظر إليها على أنها تسير من الخارج؟</u>

من الضروري هنا التفريق بين مفهوم الانتماء بكل دوائره ومستوياته، وهي في غالب الأحيان لا كسب للإنسان فيها، وبين

مفهوم الولاء وهو مفهوم ديني — سياسي يقوم باختياره الإنسان بصرف النظر عن منبته الديني أو المذهبي أو القومي.

وإن الشيعة في المملكة يعيشون في وطنهم منذ آلاف السنين، ينتمون إليه ويضحون من أجله، وإنهم عبر تاريخهم الطويل قاموا بكل شيء من أجل الدفاع عن وطنهم وصونه من كل الأخطار، وإن جذور التوترات الطائفية في أي مجتمع ليس التباينات العقدية أو الفقهية وإنما في كون الجماعة المذهبية تعامل في وطنها على نحو مختلف عن بقية المواطنين، فهم لا يعاملون بوصفهم مواطنين اعتياديين، بل بوصفهم أعضاء في أقلية مصنفة دينياً وسياسياً، فالمشكلة تكمن في التمييز لا التمايز المذهبي. والذي يرفع الهواجس لدى الجميع هو قيم المساواة والعدالة ليس بوصفها عناوين أخلاقية فحسب وإنما حقائق سياسية وقانونية واقتصادية وتنموية تصون هذه الحقوق الإنسانية على قاعدة المواطنة الواحدة والمتساوية في الحقوق والواجبات.

● **بينما تعقد مؤتمرات التقارب بين الشيعة والسنة تزداد وتيرة السعار الطائفي بين المذهبين، في رأيك ما السبب؟**

إن السبب في ذلك يعود إلى استمرار بث الكراهية والبغضاء بين أتباع المذاهب الإسلامية، ويتم في هذا السبيل استدعاء التاريخ بكل حمولته والتباساته، وكذلك الوقائع المعاصرة التي تشحن النفوس وتغذي الأحقاد بين الناس؛ لهذا فإن من الضروري أن ندرك أن الركام التاريخي لا يمكن ضبطه وتنقيته من الشوائب والتأثيرات السلبية إلا بالمزيد من الوعي

والعمل المستديم لتفكيك العقليات والثقافات التي تغذي الشحن الطائفي المقيت بين المسلمين.

وفي هذا السياق نحن بحاجة أيضاً إلى الحفر المعرفي والتاريخي في كل المقولات التي تغذي بشكل مباشر أو غير مباشر حالة العداء والكراهية بين أتباع المذاهب الإسلامية.

ومن الضروري أيضاً فك الارتباط بين الاختلافات المذهبية "بكل مستوياتها ودوائرها" وحقوق الإنسان وضرورة صيانتها ومنع التعدي عليها؛ فالاختلافات مهما كان حجمها وشكلها وعمقها لا تبرر لأي أحد أن يتعدى على حقوق الآخرين ويمارس بحقهم صنوف التهميش والتمييز؛ فحقوق الإنسان ينبغي أن تكون مصانة من قبلنا جميعاً، بصرف النظر عن مدى قناعتنا أو قبولنا للأفكار أو العقائد التي يتبناها الطرف الآخر، لنا حق الحوار والمعرفة والنصيحة، ولكن علينا واجب الاحترام وصيانة الحقوق والكرامات.(28)

---

(28) المفكر الشيعي محمد المحفوظ: الأكثرية مسؤولة عن انعزال الشيعة —
حوار — مجلة العصر الإليكترونية — 31/ 3/ 2011 — الرابط:

http://alasr.ws/articles/view/11800/

# التحدي الطائفي داخل المملكة العربية السعودية

**2014 /6/ 16**

**دانيال واجنر – هافينغتون بوست**

في الشهر الماضي ، تلقى اثنين من الشيعة السعوديين حكمًا بالإعدام بزعم ارتكاب الجرائم التي لم تسبب وفيات أو إصابات ، وهي أقسى العقوبات التي أصدرتها الحكومة السعودية ضد النشطاء الشيعة في المنطقة الشرقية منذ اندلاع الاضطرابات الطائفية في هذا المنطقة الهامة استراتيجيًا بالنسبة للملكة في عام 2011. ومنذ ذلك الوقت ، وفي محاولة لتهدئة تطلعات مواطنيها للإصلاح السياسي والاجتماعي ، استثمرت المملكة 130 مليار دولار في برامج القطاع العام في جميع أنحاء البلاد. وفي حين فشلت هذه البرامج في تخفيف المشاعر المعادية للحكومة من قبل الشيعة ، يبدو أنها قد نجحت ، بشكل جيد ، نسبيًا في أجزاء أخرى من البلاد ؛ حيث تتواجد الغالبية السُّنية. ومع ذلك ، ونظرًا إلى أن معظم ثروة الموارد الطبيعية للمملكة تأتي من المنطقة الشرقية ، يمكن أن تحمل الاضطرابات الطائفية هناك تداعيات جيوسياسية كبيرة بالنسبة لهذا البلد ، والمنطقة ، ومشتري نفط المملكة العربية السعودية.

وقد اقتصر العنف بين جهاز أمن الدولة والمعارضين الشيعة بالمنطقة الشرقية ، والتي تعدّ موطنًا لأغلبية الشيعة في المملكة. ومنذ عام 2011 ، قام الشيعة السعوديون بالمظاهرات في المراكز السكانية الرئيسة في جميع أنحاء هذه المنطقة في تحدٍّ لأوامر الحكومة. ومنذ ذلك الحين ، قُتل 21 مواطنًا واعتُقل أكثر من 300 نتيجة هذه التظاهرات.

## تاريخ الشيعة في المملكة العربية السعودية

يشكّل الشيعة السعوديون 10 — 15 في المئة من السكان ، وتعود جذورهم في تاريخ المنطقة الشرقية إلى قرون عديدة إلى الوراء. معظم الشيعة السعوديين يمارسون التشيّعَ الاثني عشريّ ، مع أعداد أقلّ من الإسماعيليين والزيديين. وفي حين يزعمُ كثيرٌ من السلفيين أنّ المواطنين الشيعة في المملكة العربية السعودية هم "**وكلاء**" إيران ، يرتبط القليل من الشيعة السعوديين في الواقع عن طريق الدم بالشيعة في إيران. كثير منهم هم أقارب للشيعة البحرينيين.

وخلال القرن 18 ، واصلَ المتشددون الوهابيون غزوًا عسكريًّا في شرق الجزيرة العربية ، وشنّوا جهادًا عنيفًا ضدّ العرب الشيعة ، معتبرين إياهم "**مرتدين**" أو "**مسلمين كاذبين**". ومنذ تأسيس المملكة في عام 1932 ، شهد شيعة السعودية التميز في كلّ من القطاعين العام والخاص. لا يوجد أيّ عضو شيعي في

مجلس الوزراء ، ولا حتى كنائب لوزير ، أو سفير ، أو رئيس جامعة في المملكة. بناء المساجد الشيعية ممنوع منعًا باتًّا كذلك.

### إيران والشيعة في المملكة العربية السعودية

قبل الثورة الإيرانية عام 1979 ، تجنّب العديد من الشيعة السعوديين السياسة تمامًا ، بل وكان الشيعة السعوديون الذين نشطوا سياسيًّا أتباعًا للأيديولوجيات العلمانية وذات التوجهات اليسارية في المقام الأول ، مثل البعثية والشيوعية والناصرية. ولكنّ الثورة الإيرانية قدمت للشيعة في جميع أنحاء العالم العربي نموذجًا سياسيًّا جديدًا. أيديولوجية الخميني ، الذي دعا إلى الإطاحة بجميع الملكيات في العالم الإسلامي ، اكتسبت التأييد بين الشيعة في المملكة العربية السعودية.

المنظمة التي شكّلت حديثًا للثورة الإسلامية في شبه الجزيرة العربية (IRO) وضعت عشرات الآلاف من الشيعة السعوديين تحت راية أيديولوجية الخميني. جدول أعمال IRO السياسي دعا إلى وضع حدٍّ للقوانين التمييزية المناهضة للشيعة في المملكة العربية السعودية ، ووضع حدّ لصادرات النفط الخام إلى الولايات المتحدة ، وإنشاء تحالف بين المملكة السعودية وايران.

خلال الحرب بين إيران والعراق ، استهدفت إيران المملكة العربية السعودية ، وهي الداعم الأساس للعراق ، من خلال

تشجيع الاضطرابات الشيعية في المنطقة الشرقية. أذاعت طهران البرامج الإذاعية وأشرطة الكاسيت في هذه المنطقة لتشجيع الشيعة السعوديين على الانتفاض ضد النظام الملكي السعودي. العلاقات السعودية الإيرانية قطعت تمامًا لمدة ثلاث سنوات عقب مقتل المئات من الحجّاج الإيرانيين خلال الحج عام 1987. وردًّا على ذلك ، أنشأ الحرس الثوري الإيراني حزب الله الحجاز (حزب الله السعودي) ، والذي نفذ العديد من الهجمات الإرهابية في السعودية وجزيرة العرب. وشملت هذه الأفعال ضربة ضد مصنع الغاز في عام 1987 وتفجير منشآت بتروكيماوية في عام 1988 ، كما اغتال حزب الله السعودي الدبلوماسيين السعوديين في باكستان ، وتايلاند ، وتركيا في عام 1989.

ومع ذلك ، كبح جماح إيران في دعم حزب الله السعودي عندما تداخلت مصالح الرياض وطهران في عام 1990 ، بعد غزو صدام حسين للكويت. بعد حرب الخليج الأولى ، غيّر الشيعة السعوديون من مواقفهم السياسية ، معتبرين أن الإطاحة العنيفة بنظام حكم المملكة العربية السعودية أمرًا غير واقعيّ. استبدل العديد منهم الحماس الثوري بالبراغماتية السياسية ، والتي تنطوي على التفاوض مع السلطات في الرياض.

بحلول عام 1993 ، منحتْ الرياض عفوًا عامًّا لجماعات مناهضة للحكومة داخل المجتمعات الشيعية ، وتعهدت بتحسين

أوضاعهم، معتقدةً بأن هذا سوف ينهي الانتقاد العلني الموجه للحكومة، إلّا أن هجومًا إرهابيًّا كبيرًا آخر قامت بها عناصر شيعية في المنطقة الشرقية وقع في عام 1996، عندما هاجمت هذه العناصر مجمعًا سكنيًّا في الخبر؛ ما أسفر عن مقتل 19 جنديًا أمريكيًّا وجرح 372 من الأميركيين، والسعوديين، وجنسيات أخرى.

ومنذ عام 2011، تدهورت العلاقات بين قوات الأمن السعودية ومختلف الفصائل الشيعية في المنطقة الشرقية. أعلنت الحكومة حظرًا على جميع المظاهرات العامة، وعقد المحتجون الشيعة "**يوم الغضب**". وشملت مطالب المتظاهرين: حقوق متساوية للشيعة، وإطلاق سراح السجناء السياسيين في المملكة العربية السعودية. في ردّ فعل، اعتقلت الشرطة السعودية أكثر من 950 مواطنًا في حينها، وما يزال 217 منهم رهن الاعتقال.

وأصبحت التوترات الطائفية في المنطقة الشرقية متصلة على نحو متزايد مع النزاعات الطائفية الأخرى في المنطقة العربية. ترتبط المنطقة الشرقية بواسطة جسر طوله 16 ميلًا فقط مع البحرين، حيث قام الشيعة هناك بانتفاضة ضد النظام الملكي السُّني. دخلت القوات السعودية البحرين في مارس 2011 لمساعدة المنامة في جهودها لقمع المتظاهرين المناهضين للحكومة، وخلال "**يوم الغضب**"، أعرب المتظاهرون في

المنطقة الشرقية عن تضامنهم مع نظرائهم الشيعة في شوارع البحرين. اليوم ، يشعر المسؤولون في المملكة العربية السعودية على ما يبدو بالقلق من أن طهران قد تنشط حزب الله السعودي للضغط على المملكة إلى التراجع عن مواقفها في البحرين وسوريا.

وعندما تمّ اختراق أجهزة الكمبيوتر التابعة لشركات أرامكو السعودية في عام 2012 ، تم استبدال ثلاثة أرباع البيانات بصورة لحرق العلَم الأمريكي. وفقًا لحكومة الولايات المتحدة ، كان عملاء إيرانيون وراء القرصنة. وبغض النظر عن تورط طهران الفعلي ، حيث إن الغالبية العظمى من العمال في أرامكو السعودية هم من الشيعة ، فقد كان الحدث بمثابة تذكير بأن عددًا صغيرًا من الأفراد لديهم القدرة على ضرب صناعة النفط في المملكة. في ذلك العام نفسه ، اتهمت وزارة الداخلية **"المجرمين"** الشيعة بتنفيذ **"أجندة خارجية"**، وقالت إن الشيعة السعوديين هم **"الطابور الخامس"** أو **"عملاء"** لإيران.

## التكامل مقابل الاغتراب

تحسنت العلاقات بين إيران ودول مجلس التعاون الخليجي منذ تولي الرئيس حسن روحاني منصبه العام الماضي ، ويبدو أن الرياض تبذل جهودًا للحفاظ على خطوط الدبلوماسية مع إيران ، مع الاستمرار في شنّ الحروب بالوكالة التي تهدف إلى مواجهة نفوذ طهران في العالم العربي ، وعلى الأخص في سوريا.

ولا يمكن أن تعزى الاضطرابات الطائفية كليًّا إلى سعي إيران لزيادة نفوذها في دول مجلس التعاون الخليجي. قبل وقت طويل من الثورة الإيرانية ، تعرّض الشيعةُ السعوديون للاضطهاد في المملكة. يجب على الحكومة السعودية أن تقرّ بأن السبب الجذري للمعارضة المناهضة للحكومة في المنطقة الشرقية هو النظام السياسي الذي يعامل الشيعة كمواطنين من الدرجة الثانية. كيفية سعي السلطات السعودية للتعامل مع المعارضة الشيعية ، سواء من خلال الحوار أو الحلول الوسط أو مزيد من القمع ، سيشكّل مستقبل المشهد الطائفي في المملكة.

منذ عام 2011 ، يؤكد النشاط المناهض للحكومة في المنطقة الشرقية على أوجه التشابه بين دعوة الشيعة السعوديين للإصلاح السياسي والاجتماعي وحركات الصحوة العربية في غيرها من دول الشرق الأوسط وشمال إفريقيا. ومن الواضح ، أن المملكة العربية السعودية هي عرضة لتعزيز الانشقاق والتمرد داخل حدودها ، ومن خلال الاستجابة للنداءات من أجل الحقوق السياسية والاجتماعية بقبضة من حديد ، فإن الحكومة السعودية تقوم بالسباحة ضد التيار.([29])

---

([29]) التحدي الطائفي داخل المملكة العربية السعودية ــ تقرير ــ دانيال واجنر ــ هافينغتون بوست ــ 16 /6/ 2014:

http://altagreer.com/%D8%AA%D9%82%D8%A7%D8%B1
%D9%8A%D8%B1/%D8%A7%D9%84%D8%AA%D8%AD%D8%A

F%D9%8A-
%D8%A7%D9%84%D8%B7%D8%A7%D8%A6%D9%81%D9%8A-
%D8%AF%D8%A7%D8%AE%D9%84-
%D8%A7%D9%84%D9%85%D9%85%D9%84%D9%83%D8%A9-
%D8%A7%D9%84%D8%B9%D8%B1%D8%A8%D9%8A%D8%A9-
%D8%A7

## قائمة المواد الواردة بالجزء الأول:


- الشيعة في دول الخليج: تطلّع نحو الأفضل – تقرير موقع سويس أنفو – الرابط:
http://www.swissinfo.ch/ara/%D8%A7%D9%84%D8%B4%D9%8A%D8%B9%D8%A9-%D9%81%D9%8A-%D8%AF%D9%88%D9%84-%D8%A7%D9%84%D8%AE%D9%84%D9%8A%D8%AC--%D8%AA%D8%B7%D9%84-%D8%B9-%D9%86%D8%AD%D9%88-%D8%A7%D9%84%D8%A3%D9%81%D8%B6%D9%84/3317974

- الشيعة السعوديون يأملون إنهاء التمييز الذي يستهدفهم – تقرير – موقع إيلاف الإخباري – 23 أبريل 2004 – الرابط:
http://www.elaph.com/ElaphWeb/Archive/1051119615590320200.htm?sectionarchive=Politics#sthash.9aBcLy87.dpuf

- شيعة الخليج... الوطن أولاً – مقال – صحيفة الوسط البحرينية – العدد 242 – 6/ 5/ 2003 – الرابط:
http://www.alwasatnews.com/242/news/read/2066#94/1.html

- شيعة السعودية ينأون بانفسهم عن الحوثيين – موقع بي بي سي العربي – 24 /11/ 2009 – الرابط:
http://www.bbc.co.uk/arabic/middleeast/2009/11/091124_ra_correspondents_tc2.shtml?print=1
- المسألة الشيعية والصراع العالمي – موقع الإسلام اليوم – الرابط:
http://islamtoday.net/nawafeth/services/saveart-13-9826.htm
- المسألة الطائفية: بحثاً عن تفسير خارج الصندوق المذهبي – مجلة الكلمة – 14/ 6/ 2008 – نقلاً عن: الموقع الإليكتروني لمركز الخليج لسياسات التنمية – الرابط:
https://www.gulfpolicies.com/index.php?option=com_content&view=article&id=177:2011-07-20-21-29-45&catid=145:2011-04-09-07-47-04
- الصفار: شيعة السعودية يريدون المساواة – تقرير – صحيفة الوسط البحرينية – العدد 519 – السبت 7/ 2/ 2004.
- العلاقة بين الشيعة والتيار السلفي – عبد العزيز الخميس – مقال – الموقع الإليكتروني لقناة الجزيرة (الجزيرة نت) – 2004/10/3 – والكاتب هو المشرف العام على المركز السعودي لحقوق الإنسان – الرابط:
http://www.aljazeera.net/specialfiles/pages/BD395E21-EFC9-44EB-ACB7-2523B12A5802
- انتفاضة المهمشين على قبضة الوهابيين – مي يماني – ترجمة: صفية مسعود – 3 /4/ / 2009 – موقع مجلة قنطرة – الرابط:

http://ar.qantara.de/content/lshy-fy-lswdy-ntfd-lmhmshyn-l-qbd-lwhbyyn

- الباحثة مي يماني ابنة وزير البترول السعودي الأسبق زكي يماني، وتعمل حالياً أستاذة زائرة في معهد كارنيغي لدراسات الشرق الأوسط في بيروت.
- لا ولاءات سياسيّة خارجية جديّة – جريدة الأخبار اللبنانية – 5 – ١١ – ٢٠١١ – العدد ١٤١٨.
- السنّة والشيعة: اختلافات في العقيدة ونزاعات في السياسة – 1/ 7/ 2011 – سابرينا ميرفن – موقع مؤسسة الواحة (البندقية) – الرابط:

http://www.oasiscenter.eu/ar/%D8%A7%D9%84%D9%85%D9%82%D8%A7%D9%84%D8%A7%D8%AA/2011/07/01/%D8%A7%D9%84%D8%B3%D9%86%D9%91%D8%A9-%D9%88%D8%A7%D9%84%D8%B4%D9%8A%D8%B9%D8%A9-%D8%A7%D8%AE%D8%AA%D9%84%D8%A7%D9%81%D8%A7%D8%AA-%D9%81%D9%8A-%D8%A7%D9%84%D8%B9%D9%82%D9%8A%D8%AF%D8%A9-%D9%88%D9%86%D8%B2%D8%A7%D8%B9%D8%A7%D8%AA-%D9%81%D9%8A-%D8%A7%D9%84%D8%B3%D9%8A%D8%A7%D8%B3%D8%A9

- السعودية.. مثقفو الشيعة والبيان الفضيحة – جريدة الشرق الأوسط اللندنية - مقال - طارق الحميد - 24 /3/ 2013 - العدد 12535.

- توفيق السيف: شيعة العراق ليسوا بيد إيران ورؤية السعودية خاطئة – موقع سي إن إن آرابيك – 11 /2/ 2014 – الرابط:
http://arabic.cnn.com/middleeast/2014/01/13/saudi-iraq-seif
- جريدة الشروق المصرية – 13/ 3/ 2014 – الرابط:
http://www.shorouknews.com/columns/view.aspx?cdate=13032014&id=16687a7a-3fd7-4b04-b021-e6cd1b80eea6
- الشيعة لم يهبطوا علينا من الفضاء! – محمد الساعد – مقال – جريدة الحياة – الطبعة السعودية – ٥ /11/ ٢٠١٤.
- شيعة عراقيون: لسنا ضاحية جنوبية "تعتاش" على نفوذ إيران – تقرير – جريدة الجريدة الكويتية – 14 /5/ 2014 – الرابط:
http://www.aljarida.com/news/index/2012661859/%D8%B4%D9%8A%D8%B9%D8%A9-%D8%B9%D8%B1%D8%A7%D9%82%D9%8A%D9%88%D9%86--%D9%84%D8%B3%D9%86%D8%A7-%D8%B6%D8%A7%D8%AD%D9%8A%D8%A9-%D8%AC%D9%86%D9%88%D8%A8%D9%8A%D8%A9%C2%AB%D8%AA%D8%B9%D8%AA%D8%A7%D8%B4%C2%BB-%D8%B9%D9%84%D9%89-%D9%86%D9%81%D9%88%D8%B0-%D8%A5%D9%8A%D8%B1%D8%A7%D9%86
- علماء الشيعة السعوديون يحذرون من الخروج على سلطة الدولة تقرير – جريدة العرب اللندنية – 10 /3/ 2014 – العدد: 9493 – ص 3.

- شيعة السعودية ينحون باللائمة في الهجمات على طائفية لم
  تجد ردعاً – تقرير – موقع وكالة رويترز على الانترنت – 6/
  11/ 2014 – (إعداد داليا نعمة للنشرة العربية) – الرابط:
  http://ara.reuters.com/article/topNews/idAR
  AKBN0IQ27V20141106?sp=true

- زعيم شيعي سعودي يحرض الأميركيين على السعودية –
  تقرير – موقع السكينة – 12/ 5/ 2014 – الرابط:
  http://www.assakina.com/news/news2/4432
  9.html#ixzz3JWO7ZKyE

- الرّبيع العربيّ بعيون (شيعة الخليج) – تقرير - بسمة حجازي
  – جريدة التقرير – 14/ 11/ 2014 – الرابط:
  http://altagreer.com/%D8%AA%D9%82%D8%A7
  %D8%B1%D9%8A%D8%B1/%D8%A7%D9%84%D8%B
  1%D9%91%D8%A8%D9%8A%D8%B9-
  %D8%A7%D9%84%D8%B9%D8%B1%D8%A8%D9%8
  A%D9%91-
  %D8%A8%D8%B9%D9%8A%D9%88%D9%86-
  %D8%B4%D9%8A%D8%B9%D8%A9-
  %D8%A7%D9%84%D8%AE%D9%84%D9%8A%D8%A
  C

- قمع الشيعة جزء من شرعية النظام السعودي – مقال –
  توبي ماتيسن – موقع مجلة الحجاز:
  http://www.alhejaz.org/sehafah/0211701.htm

- فضل الله: "المسألة المذهبية" أصبحت مشكلةً في العالم
  الإسلامي – المسلمين الشيعة في العالم العربي في ظلّ
  التحدّيات الراهنة – حوار مع: العلامة المرجع السيد محمد
  حسين فضل الله (رض) – الموقع الرسمي لمكتب السيد

محمد حسين فضل الله – حاوره: وكالة شرق برس – ٣٠/١٢/٢٠٠٧ – الرابط:
http://arabic.bayynat.org.lb/DialoguePage.aspx?id=11526

- شيعة السعودية.. كبش فداء لصراع إقليمي ومصالح دولية ؟ - شمس العياري – جريدة القدس العربي اللندنية – 22/ 10/ 2014 – الرابط:
http://www.alquds.co.uk/?p=238710
- عن التشدد الشيعي – مقال – حمزة قبلان المزيني – جريدة الوطن السعودية – 29/ 7/ 2010 – الرابط:
http://www.alwatan.com.sa/Articles/Detail.aspx?ArticleId=1498
- الرِّياضة تتسافل: الشِّيعة هدف السنَّة لا شيء! – 30/ 1/ 2014. – مجلة المجلة اللندنية – الرابط:
http://www.majalla.com/arb/2014/01/article55249747
- الشيعة في السعودية.. حقوق مسلوبة أم ادعاءات مبالغ فيها ؟ - موقع قناة الحرة – 7/ 12/ 2014 – الرابط:
http://www.alhurra.com/content/shiites-claim-discrimination-in-saudi-arabia/215448.html
- المسألة الشيعية في المملكة – منصور النقيدان – مقال – 10/20/ 2014 – جريدة الاتحاد الإماراتية – الرابط:
http://www.alittihad.ae/wajhatdetails.php?id=81866

- المفكر الشيعي محمد المحفوظ: الأكثرية مسؤولة عن انعزال الشيعة – حوار – مجلة العصر الإليكترونية – 31/ 3/ 2011 – الرابط:

http://alasr.ws/articles/view/11800/

- التحدي الطائفي داخل المملكة العربية السعودية – تقرير – دانيال واجنر – هافينغتون بوست – 16 /6/ 2014:

http://altagreer.com/%D8%AA%D9%82%D8%A7%D8%B1%D9%8A%D8%B1/%D8%A7%D9%84%D8%AA%D8%AD%D8%AF%D9%8A-%D8%A7%D9%84%D8%B7%D8%A7%D8%A6%D9%81%D9%8A-%D8%AF%D8%A7%D8%AE%D9%84-%D8%A7%D9%84%D9%85%D9%85%D9%84%D9%83%D8%A9-%D8%A7%D9%84%D8%B9%D8%B1%D8%A8%D9%8A%D8%A9-%D8%A7

www.ingramcontent.com/pod-product-compliance
Lightning Source LLC
Chambersburg PA
CBHW060333290526
45793CB00003B/605